조금 일하지만, 제대로 인정받고 있습니다

성과관리 전문가들이 대놓고 말하는 생존 처세술

조금 일하지만,
제대로 인정받고 있습니다

윤영철·홍문기 지음

멋모르고 일하다가 뒤통수 맞는다

엎친 데 덮쳤다. 가뜩이나 빙하기였던 경영환경이 코로나 사태 이후로 더욱 꽁꽁 얼어붙었다. 그야말로 '난리블루스'인 상황이다. 대기업, 중견기업, 소기업, 직장인, 취업준비생 등 모두가 생존을 위해 안간힘을 쓰고 있다. 뭐, 할 말은 많지만 각설하자. 신세한탄, 주변 여건 원망이 난무할 테니까.

아무튼 이 책은 엎친 데 덮친 환경 속 온갖 어려움을 뚫고 취업에 성공해 열심히 회사생활을 하고 있는 주니어들을 위한 디테일한 조언이자 친절한 가이드다. 주니어는 회사생활을 시작한 지 약 5년 미만의 사원 및 대리 1~2년 차 정도의 직급을 가진 직원들을 가리킨다. 더불어, 이 책은 일의 기본기를 재정비할 필요를 느끼는 분들을 위한 지극히 현실적인 잔소리이기도 하다. 주니어에게는 빛나는 조언이, 회사 다닌 지는 좀 되었지만 일의 기본을 되짚어볼 필요를 느끼는 분들에게는 친절한 쓴소리가 되길 바란다. 일의 기본을 모르고 일하다가는 자신도 모르게 논란과 문제의 중심에 설 수 있다. 뒤통수 조심하자.

조금 일하고 일 좀 한다는 소리를 듣자

어마어마한 노력 끝에 취업은 했다. 그런데 막상 회사생활을 해보니 산 넘어 산이다. '내가 이러려고 취직했나?', '나 지금 뭐 하고 있는 거냐?', '저 선배는 왜 매번 화만 낼까? 나 미워하나?', '내가 호구인가?' 주니어들 중 십중팔구는 이런 생각을 한 번 이상은 한다. 현장에서 인터뷰했던 주니어들 거의 대부분이 그랬다. 왜 이런 생각이 드는 것일까?

두 가지 이유가 있다. 첫 번째는 뭘 제대로, 찬찬히, 꼼꼼히 알려주는 선배가 별로 없기 때문이다. 사실 선배들도 자기 일 처리하고 수습하기 바쁘다. 선배 체면상 모르는 것 있으면 물어보라고는 하지만, 막상 정말로 물어보면 바쁘다는 눈치를 주기 일쑤다. 사실 '모르는 것 있으면 물어보라'는 말 자체가 말이 안 된다. 뭘 모르는지 안다면 알아서 해결을 할 테니 말이다. 세상 제일 답답한 질문이 "모르는 것 물어보세요"다.

두 번째 이유는 상사나 선배들이 이상적인 후배의 모습을 막연하게 그려놓고 주니어들과 비교하며 그렇게 일하지 못한다고 질책하기 때문이다. 대체로 이런 상사나 선배가 즐겨 쓰는 말이 "나는 말이야", "나 때는 말이야" 등이다.

결론부터 말하자면, 선배나 상사에게 "오! ○○씨, 일 좀 할 줄 아네!", "아, 그 친구? 일 좀 합디다" 정도의 소리를 들을 만큼만 일하면 된다.

회사는 정글이고 경쟁의 장이다. 회사에서는 모든 사람이 S급 인재가 될 수 없다. 그 이유는 간단하다. 회사의 평가는 대부분 상대평가이고 S급 인재의 자리는 한정되어 있기 때문이다. 게다가 주니어는 S급이 되기에 실무 경험도 부족하고 이런저런 허들도 많

다. 만약 주니어가 능력이 월등히 출중해 S급 평가를 받는다면 지속적으로 업무가 '리필'될 것이다. 그렇다면 반대의 경우는 어떨까? 아무리 주니어라도 C급 플레이어(Player)가 되면 눈 밖에 난다. "나는 조직의 평가엔 관심 없어"라고 말하며 성과평가를 초월한 듯 행동해 상사나 선배의 눈에 자포자기식으로 비치면 회사생활이 매우 피곤해진다. 능력이 없다고 판단되면 욕먹고 쫓겨나는 상황에 직면할 수 있다. 한마디로, 일을 잘하면 업무가 리필되고, 일을 못하면 눈 밖에 난다.

주니어들은 평가등급에서 B+ 받는 정도로 일하면 된다. 이는 조금 일하면서도 일 좀 한다는 소리를 듣는 수준이다. 뭘 어떻게 해야 조금 일하며 일 좀 한다는 소리를 들을 수 있을까? 이 질문이 이 책의 핵심이다.

이 책에서 말하는 '조금 일하면서 일 좀 한다는 소리를 듣는 것'은 적당히 한다거나 대충 일한다는 의미가 아니다. 중간보다 약간 앞선 정도로 일하고 인정받자는 뜻이다. 다시 말해 제한된 시간, 자원, 에너지 등의 조건하에서 생각하고 행동하고, 효율적으로 커뮤니케이션해 성과를 내자는 말이다. 아울러 일 좀 한다는 소리를 듣기 위해서는 회사 내 긍정적 관계형성이 뒷받침되어야 한다. 회사는 여러 사람이 모인 조직이다. 혼자서 일하는 것이 아니라 기본적으로 여럿이 일한다. 그렇기에 자신을 둘러싼 상사, 동료, 선배 등과 관계를 잘 맺어야 일하기에도 수월하다. 자신을 위해 관계관리를 잘하기를 권한다. 굽신거리거나 속앓이할 일 없이 당당하고 건강하게 말이다.

누구나 회사생활에서 인정받고 싶어한다. 아침에 출근해서 눈총받고, "너는 회사 왜 다니냐?"라는 말을 듣고 싶은 사람은 없다. 인정에는 일상의 소소한 칭찬과 자신의 성장인 심리적 인정도 있고, 연봉과 성과급 등의 금전적 보상도 포함된다. 일(일의 양, 일의 질)과 인정 사이의 관계는 다음의 네 가지 유형으로 구분해볼 수 있다.

첫째, 일 많이 하고 인정받는 유형

둘째, 일 많이 하고 인정 못 받는 유형

셋째, 일 조금 하고 인정받는 유형

넷째, 일 조금 하고 인정 못 받는 유형

조금 일하면서도 일 좀 한다는 소리를 듣는 경우는 셋째 '일 조금 하고 인정받는' 유형을 말한다. 정리하자면, 조금 일하면서 일 좀 한다는 소리를 듣자는 것은 효율적으로 일하고 건강한 동료관계를 맺는 주니어가 되자는 의미다. 가장 합리적이고 전략적인 회사생활은, 업무의 기본기를 익혀 효율적으로 일하고 직장 내 관계 속에서도 인정받으며 평균 이상의 성과를 내는 것이다. 이 책에서 이야기하려는 것이 바로 그 구체적인 '노하우'다. 이쯤에서 '이 책 뻔하네! 그냥 열심히 일하라는 소리 아냐?' 하는 생각으로 책을 덮으려 했다면 조금만 참아주길 바란다. 소처럼 일하라는 말이 결코 아니다. 최소한 "이게 뭐야"라는 소리는 듣지 않으며 일하는 방법을 알려주려는 것이다.

최소한 "이게 뭐야"라는 소리는 듣지 말자

소처럼 일하다가는 정말 소 취급당하는 수가 있다. 사람인 우리는 소처럼 일할 수 없다. 아니, 소처럼 일하기 싫다. 게다가 사원, 주임, 초임대리 때는 뭘 해도 "100점이야!"라는 소리를 듣기 어렵다. 주니어 시절은 업무를 수행하면서 어느 정도 성과도 내야 하고 회사에 적응하며 일의 기초를 닦는 시간이기 때문이다. 예를 들어 두 달 일해서 90점짜리 해내는 것보다는 이틀 일해서 70점짜리 해 가는 것이 훨씬 낫다. 이것이 효율이고 일의 기본이다. 욕

좀 안 듣겠다고, 이번엔 잘해보겠다고 다짐하며 몇 날 며칠을 밤새워 작업해서 들고 가도 돌아오는 피드백은 대부분 "이게 뭐야"다.

현장 인터뷰에서 만난 어느 대리가 말했다. 나름 한다고 하는데 파트장이 자신을 미워하는 것 같다며 한참 신세한탄을 하더니, 주니어 때 배웠어야 할 것들을 놓친 건 아닌지 후회된다고 말이다. 일해서 가져가면 매번 파트장한테 "이게 뭐야?"라는 핀잔을 듣는다는 것이다. 어떻게 해야 주니어들이 선배와 상사에게서 "이게 뭐야"라는 빈정거림을 듣지 않을 수 있을까?

'일하는 실력'과 '직장 내 처세'는 양날개다

필자 둘의 회사생활 경력 연수(年數)를 합치면 40년이 조금 넘는다. 둘이 합쳐 다닌 직장의 수만 해도 9개다. 40년 남짓, 9차례의 직장생활을 되돌아볼 때 업무성과는 우리 개인의 능력으로 올릴 수 있었다. 하지만 직장에서 즐겁게, 자신을 위해서 일하려면 직장 내 처세도 필요했다. 실제로 필자들은 건강한 처세의 자세가 부족해 일마다 실력으로 증명해 보이며, 상사, 동료, 후배들을 설득하고 자신의 존재를 입증하며 일해야 했다. 번번이 맡겨진 업무를 각개격파하고, 회의에서 쌈닭이 되었으며, 의견을 피력하기 위해 록밴드 가수처럼 소리쳤다. 즐겁게, 자신을 위해 일하는 태도는 아니었다. 이제 와 생각해보니, 새가 양쪽 날개로 날 듯 주니어 시절에 일하는 실력과 직장 내 처세를 갖췄다면 회사에서 좀 더 세련되고 매끄럽게 일할 수 있었을 텐데 하는 아쉬움이 든다. 그런 까닭에 이 책을 집필하게 되었다. 일하는 실력과 직장 내 처세는 양날개다.

처세라는 말이 다소 부정적으로 들릴 수 있는데, 이 책에서 처세는 건강한 처세를 말한다. 직장 내 처세에는 건강한 처세와 건강하지 못한 처세가 있다. 건강하지 못한 처세는 자신의 성과를 위해 옳든 그르든 수단을 가리지 않고 다른 동료나 조직을 희생시키는 방식이다. 또 일의 목적의식을 망각한 맹목적인 충성과 자신이 속한 부서만 잘 되면 된다는 부서 이기주의에 빠진 행동과 소통 방법이다. 건강한 처세는 실력 있는 사람들과 협력하며 회사 발전에 기여할 수 있는 소통, 행동 방식이다. 즉 목적이 분명하고, 일 잘하는 사람들과 함께 즐겁게 지내는 방법이다. 결국 처세의 밑바탕에는 업무 능력이 먼저 깔려 있어야 한다. 직장생활의 기본은 일하는 실력이다. 처세만으로는 타인에게 인정받고 안정적인 회사생활을 할 수 없다. 실력은 기본, 처세는 옵션이다.

스트리트 스마터의 업무 꿀팁과 직장 처세

필자들은 석학이나 경영학 박사는 아니다. 다만 지금의 주니어들보다 먼저 경험한 사람들이다. 학문적·이론적으로 엄청나게 정통하진 못하지만, 지난 40여 년간 금융 및 제조업계의 여러 대기업과 국내·외 경영컨설팅사, 협회 등에서 인사기획, 인사운영, 교육업무, 영업기획, 고객관리, 기업문화 업무를 직접 경험했다. 여기에 더해 컨설팅을 하면서 200여 개 기업의 분위기와 업무 등도 간접 경험했다.

길거리에서 실전을 통해 실력을 키운 스트리트 파이터처럼, 필자들은 업무현장에서 회사 일을 익히고 경험해온 실전형 스트리트 스마터다. 그런 다양한 경험 속에서 상처를 받기도 했고 자존심도 다쳐가며 일하는 방법과 관계의 처세를 체득했다. 이를 바탕으로 주니어 시절의 윤영철과 홍문기에게 도움이 될 만한 방법을 정리해보았다. 필자들이 주니어 시절로 돌아갈 순 없지만, 이렇게라도 당시의 우리와 비슷한 고민을 하는 주니어들에게 도움이 됐으면 하는 바람이다.

이 책에서는 실전 이슈를 어떻게 해결했고 여러 상황에 어떻게 대처했는지 생생하게 들려줄 생각이다. 이제부터 다소 촌스럽지만 현장에서 겪으며 체득한 일하는 방법과 업무 노하우, 직장 처세를 말씀드리겠다. 돌려 말하지 않는다. 대놓고 직접 대화하듯 썼다. 현장에 있는 주니어들에게 차근차근 가르쳐주는 선배들이 많지 않았기 때문이다. 주니어들은 현장에 방치되어 있는 경우가 많다. 물론 현장에서 시행착오를 통해 배우라고들 말하지만, 막상 현장은 실수를 용납하지 않는다. 실수가 거듭되면 실력이 되고 모질이가 되는 게 현실이다. 낙인이 찍힌다. 꼼꼼히 가르쳐주지도 않으면서 막다른 경계로 몰아세우는 형국이다. 그래서 필자들이라도 도움말을 줘야겠다고 생각했다. 직속후배에게 대놓고 말하듯이 말이다.

다음 그림은 이 책의 내용을 투입노력 대비 기대효과로 정리한 것이다. 각 장을 모두 꼼꼼히 읽으면 좋겠지만, 그건 필자들의 바람이고 급한 대로 우선순위를 찾아 읽기 바란다. 상황이 급하면 지름길부터 읽어라. 다음으로 등산길, 산책길, 여행길 순으로 읽으면 좋을 듯싶다.

한 권의 책을 읽고 단숨에 어려움을 해결할 수 있다면 좋겠지만, 직장생활이 그렇게 녹록하진 않을 것이다. 현장에서 고생하는 분들에게 드리는 실전 업무의 가이드라인이고 꿀팁이라 여겨주면 감사하겠다.

성장의 길 ↗

	하기 쉽다	

산책길

- 4장 제때, 제대로 질문하자
- 5장 질문은 폐쇄형으로, 대답은 제안형으로
- 6장 데이터가 업무의 퀄리티를 결정한다
- 9장 보고서를 보면 사람이 보인다
- 10장 물은 셀프, 보고서도 셀프
- 11장 보고용어 vs. 직무용어

지름길

- 1장 업무는 뇌피셜이 아닌 3W 1P로 챙기자
- 2장 업무는 티키타카로 확인받자
- 3장 독박을 피하려면 기록으로 남겨라
- 16장 업무 토스에 대처하는 우리의 자세

여행길

- 7장 전문가 네트워크를 구축하자, 끙끙대지 말고
- 8장 '제 생각에는요'의 함정
- 15장 인싸? 아싸? 그럴싸!
- 17장 회사는 선택해도, 상사는 선택할 수 없다
- 18장 꼰대는 티가 나고, 선배는 빛이 난다
- 20장 줄서기 문화, 대충 호응하고 확실히 칭찬하자

등산길

- 12장 적당히 오버하고, 꾸준히 유지하자
- 13장 센스, 이거 타고나는 건가요?
- 14장 싹수 있으려면, 적당히 밀당하자
- 19장 앞에서 말하면 의견, 뒤에서 말하면 험담

하기 어렵다

효과가 나중에 나타난다   효과가 빨리 나타난다

2021년 4월 어느 날에
윤영철, 홍문기 드림

CONTENTS

들어가며 | 멋모르고 일하다가 뒤통수 맞는다 05

1부 조금 일하되, 대충 일하지 않기

1장 업무는 뇌피셜이 아닌 3W 1P로 챙기자 23

단계를 거치며 업무의 방향은 없고, 말만 떠다닌다 | 무조건 알겠다 하지 말고, 3W 1P를
챙겨라

2장 업무는 티키타카로 확인받자 32

자리로 돌아와서 기록하고 확인받자 | 공감의 티키타카를 하자

3장 독박을 피하려면 기록으로 남겨라 40

공식적 커뮤니케이션 vs. 비공식적 커뮤니케이션 | 이메일을 잘 활용하자, 채팅 말고 | 이메
일이 시작이고, 확인이 마무리다

4장 제때, 제대로 질문하자 56

질문은, '내용'과 '타이밍'으로 구분하자

5장 질문은 폐쇄형으로, 대답은 제안형으로 64

질문은, 무조건 폐쇄형으로 | 질문을 꼭 말로만 해야 하나요? | 수다도 실력이다, 단 과하지 않게

6장 데이터가 업무의 퀄리티를 결정한다 73

업무의 퀄리티는 데이터와 준비에서 결정된다 | 데이터를 찾아서 | 숫자만 많으면 데이터? 데이터는 의사결정 재료다

7장 전문가 네트워크를 구축하자, 끙끙대지 말고 91

우리끼리 안되겠네? 외부 네트워크의 활용 | 외부 네트워크를 구축하는 3가지 방법

8장 '제 생각에는요'의 함정 103

그건 니 생각이고 | 숫자로 얘기하되 단순화가 핵심이다 | 숫자가 없을 때는 사례로 얘기하자 | '카더라' 통신은 들어도 전달하지 마라

9장 보고서를 보면 사람이 보인다 114

이해하기 쉬워야 진짜 보고서다 | 닥치고 구조화 | 멱살 잡히지 않으려면, 목차를 먼저 잡아라 | 쉽고 단순하게 쓰자, 플리즈

10장 물은 셀프, 보고서도 셀프 137

보고서 작성 꿀팁 1. 장표가 가로인 이유는 나눠 쓰라는 뜻이다 | 보고서 작성 꿀팁 2. 보고서 더미를 활용하자 | 보고서 작성 꿀팁 3. 거버닝 메시지를 잡는 자, 보고를 다스린다 | 보고서 작성 꿀팁 4. 쪼대로 말고, 보고형태에 따라 다르게 쓰자

11장 **보고용어 vs. 직무용어** 155

보고용어와 직무용어 | 상사의 유형을 고려하자 | 업무사전 만드는 방법

2부 멀지도 가깝지도 않은 관계 만들기

12장 **적당히 오버하고, 꾸준히 유지하자** 171

초반에는 적당한 오버액션 | 과하지 않은 소통오버, 빠지는 말고 나대지도 말고 | 제 이미지는 이미 박살나 있는데요?

13장 **센스, 이거 타고나는 건가요?** 181

눈치가 없으면 눈칫밥을 먹는다 | 센스가 재능이면, 관찰은 노력이다

14장 **싹수 있으려면, 적당히 밀당하자** 189

회사에서는 관계의 거리를 두자 | 업무로 밀당하는 적당한 관계

15장 **인싸? 아싸? 그럴싸!** 195

본질을 놓친 인싸가 되지 말자 | 아싸를 선택해도 왕따는 되지 말자 | 그럴싸한 관계

16장 업무 토스에 대처하는 우리의 자세 204

업무협조 요청인가? 업무 토스인가? | 협조하되, 호갱이 되지 말자 | 과하다 싶으면, 팀장찬스

17장 회사는 선택해도, 상사는 선택할 수 없다 213

상사는 그냥 다 싫어? | 상사 유형을 4가지로 분류하라 | 상사 유형별 특성과 대처법

18장 꼰대는 티가 나고, 선배는 빛이 난다 225

그는 왜 꼰대가 되었을까 | 꼰대와 선배의 구별법 | 피할 수 없는 꼰대와 일하는 방법

19장 앞에서 말하면 의견, 뒤에서 말하면 험담 236

하루라도 회사를 더 다닐 거라면, 면전에서 | "괜찮아~ 그냥 얘기해"에 속지는 말고

20장 줄서기 문화, 대충 호응하고 확실히 칭찬하자 246

양다리, 줄서기, 신사 | 관계는 밀당이다

나가며 | 오늘 하루도 버텨내는 여러분에게 253

1부

조금 일하되,
대충 일하지 않기

업무는 뇌피셜이 아닌
3W 1P로 챙기자

요즘 유튜브에서 많이 들리는 단어가 있다. '뇌피셜'이다. 많은 유튜버들이 무언가를 설명하면서 "이거 뇌피셜인데요" 또는 "그거 뇌피셜 아닌가요?"라는 말을 흔히 주고받는다. 뇌와 오피셜(official)을 합성한 신조어 뇌피셜은 공식적이거나 객관적 사실이 아닌, 자신의 머리에서 나온 주관적인 생각을 가리킨다. 이런 '뇌피셜 현상'은 인터넷에서뿐만 아니라 회사에서도 종종 나타난다.

일례로 주니어들이 상사에게 업무지시를 받는 현장을 떠올려보자. 지시 사항이 모호할 때 주니어들은 '뭘 하라는 거야, 도대체…'라고 속으로만 생각하지, 무엇을 어떻게 하는 것이 좋을지 지시한 상사에게 직접 물어보지 않는 경우가 많다. 즉 뇌피셜로 정리하는 셈이다. 이렇게 뇌피셜을 하게 되는 이유는, 부족한 것을 티 내고 싶지 않거나 다들 바쁘게 돌아가니 알아서 해야 할 것 같기 때문이다. 정리하자면, 업무를 대하는 뇌피셜의 자세는 대체로 다음 그림과 같다.

뇌피셜로 인한 업무 비효율 단계

1. 우선, 업무지시를 받으면 과거의 유사한 업무자료를 최대한 찾아본다.

2. 그런데, 어떤 자료인지도 잘 모르겠고 설령 찾았다고 해도 그 내용이 뭔지 잘 모른다. 자신이 직접 작성한 자료가 아니기 때문이다.

3. 그러다가 갑자기 다른 급한 일이 생긴다. 발등의 불! 곧 그 일을 처리한다. 찾던 일은 잠시 대기상태다. 그런 상태로 며칠이 흐른다.

4. 며칠 뒤에 업무를 지시한 상사가, 지금까지 만든 자료를 가져오라고 찾는다. 그런데 줄 자료가 없다, 만든 게 없으니까.

5. 상사에게 여태 뭐 했냐며 깨진다. 싸늘하다. 말은 비수가 되어 가슴에 꽂힌다. 이 와중에 "뭘 해야 하는지 제대로 알려주지도 않고 못했다고 깨기만 하면 어떡합니까?"라고 무모하게 대답할 수도 없다.

6. 이제 본격적으로 지옥문이 열린다. 웰컴 투 더 헬!(Welcome to the Hell!)

7. 업무를 지시한 선배 혹은 상사와 함께 자료를 만드느라 밤샌다.

8. 주니어인 나는 허드렛일을 하면서, 속으로 자기질책과 자기비하의 악순환을 반복한다. 허드렛일은 주로 자료 복사, 구글링, 선배가 엑셀로 숫자 입력할 때 옆에서 불러주기 등이다.

이런 고난과 역경에 빠지려고 졸업하고 취업했나 싶겠지만, 이게 리얼한 현실이다. 그럼 어떻게 하면 자괴감에 빠지지 않고 제대로 업무지시를 수행할 수 있을까? 입무지시를 받을 때 무엇을 어떻게 챙겨야 할까?

단계를 거치며 업무의 방향은 없고, 말만 떠다닌다

회사에서 업무지시는 주로 임원, 경영진에서부터 시작된다. 즉 팀장이 여러분에게 지시하는 업무는 팀장이 자신의 상사인 임원에게 받은 내용이다. 사실 그 임원도 자신의 상사이자 의사결정권자인 경영진에게서 받은 것이다. 팀장이 "이거 해봐, 이거 해보자"라고 지시하는 경우도 있지만, 그건 일부에 불과하다.

여기서 문제는 이렇게 업무지시가 여러 단계를 거쳐 내려오다 보니 방향성이나 구체적인 업무수행 가이드가 정해지지 않고 지시한 내용만 전달된다는 것이다. 업무지시가 고목나무처럼 앙상한 것이, 구체적이지 못하고 원하는 바가 디테일하지 못하다.

상황을 하나 그려보자. 사장이 임원을 부른다.

"김 상무, 최근 우리 회사 영업인력이 경쟁사로 많이 이직하는 것 같던데, 핵심 영업인력 유출 방지를 위한 리텐션(유지) 방안을 좀 마련해보세요." 이 정도 되겠다. 그런데 사실 이렇게 지시하는 사장은 양반이다. 보통 경영진의 업무지시는 불호령이다. 심각성을 한껏 부여하느라 대개는 불호령의 형태를 취한다. 현실 버전으로 다시 그려보자.

"김 상무!!! 요즘 영업쪽 인력 유출이 왜 이렇게 많아!!! 뭐야!!! 이유가 뭐야!!! 연봉 때문이야??? 도대체 뭐야!!! 빨리 대책 만들어서 가져와!!!"(음성지원이 되는 것 같지 않은가?)

사장에게 업무지시를 받은 담당임원은 팀장을 부른다. 처음 업무지시의 현장이 깨지는 상황이었는지 아니었는지에 따라 이때의 업무지시 분위기도 당연히 달라진다.

"최 팀장, 최근에 우리 회사 영업인력이 경쟁사로 많이 빠져나가는 것 같은데 핵심 영업인력 유출 방지 방안 좀 만들어 와봐!" 그러면 최 팀장은 "네, 알겠습니다" 하고 담당인 박 과장을 불러 똑같이 얘기한다. 실무 담당자인 박 과장은 잠깐 고민하다가 후배 이 주임을 불러 이렇게 얘기한다.

"이 주임, 우리 회사 영업인력 유출 방지를 위한 방안 초안 좀 만들어서 가져와".

여러분이 이 주임이라면 어떻게 할 것인가? 대한민국의 대다수 이 주임들은 "네, 알겠습니다" 대답하고 자리로 돌아온다.

진짜 문제는 이제부터다. 여러분이 지시받은 일을 어떤 방향으로 어떻게 해야 하는지 확인하지 않은 채 "네, 알겠습니다" 하고 뒤돌아선다면 헛수고할 가능성이 매우 커진다. 헛수고를 넘어 보고가 늦어질수록 혼자 독박을 쓰게 된다. 그런데 문제가 하나 더 있다. 여러분을 대변하는 이 주임은 현재 하고 있는 일이 없을까? 맡고 있는 업무가 없을까? 아니다. 당연히 지속적으로 하고 있는 운영업무나 이미 진행 중인 기획업무 등이 꽤 많다. 이런 상황에서 상사의 지시에 밑도 끝도 없이 "네, 알겠습니다" 하는 순간 지옥문이 열린다.

그렇다면, 무엇을 어떻게 해야 할까? 여러분이 이 주임이라면 어떻게 하겠는가?

무조건 알겠다 하지 말고, 3W 1P를 챙겨라

첫째, WHO이다. 즉 누구의 지시로 시작된 업무인지 확인한다. 이에 따라 지시받은 업무에 얼마만큼의 시간을 쏟을지가 결정되고 상사들의 관심도가 달라지기 때문이다. 예를 들어, 지시한 사람이 CEO인지, 담당임원인지, 팀장인지에 따라 일을 시키는 상사가 요구하는 아웃풋 수준과 업무수행의 소요시간이 달라진다. 아무래도 최고경영자가 지시한 업무는 팀장의 지시보다 중요도와 관심도가 높기 때문에 훨씬 더 많이 신경을 써야 한다.

둘째, WHEN이다. 즉 결과물을 언제 받아보길 원하는지 확인한다. 한 번 더 강조한다. 내가 언제까지 보고해야 하는가가 아니라 상사가 언제까지 보고받을 것인지 확인해야 한다. "제가 언제까지 보고드리면 될까요?"가 아니라, "박 과장님, 이 내용이 언제까지 필요하신 것입니까?" 혹은 "박 과장님, 언제까지 보시면 되나요?" 이렇게 확인하라. 이 말은 '박 과장님, 저는 당신을 서포트하는 입장입니다. 일의 책임과 주체는 박 과장님 당신입니다'라는 신호다. 그 이유는 업무의 최종 아웃풋의 책임자는 주니어인 여러분이 아니고 박 과장이나 팀장이라는 것을 인식시켜야 하기 때문이다. 업무 지시자와 실행자의 역할은 다르다.

셋째, WHAT이다. 업무의 목적과 상사가 받아보고 싶은 아웃풋의 내용이 무엇인지 확인한다. 예를 들어, 이 업무가 경쟁사에 대한 자료 조사인지, 현재 우리 회사의 제도에 대한 현황조사인지, 경영진의 의사결정용 자료인지 등 목적과 결과물의 형태를 확인한다. 그래야 상사들이 받아보고 싶은 내용이 무엇인지 알고 불필요한 업무활동인 삽질을 시전하지 않을 수 있다. 그렇다고, "박 과장님, 무슨 내용을 드려야 합니까?"라고 순진하게 물어보면 혼나기 쉽다. 좀 더 세련되게 묻자. "박 과장님, 이 업무 목적이 뭔가요? 방안설계 후 실행이 목적인가요, 아니면 현황조사 수준까지인가요? 원인분석도 심도 있게 할까요? 그러려면 직원들 인터뷰도 필요할 텐데 그 수준까지 해야 할까요?"라는 식으로 직관적으로 떠오르는 것을 물어본다.

단, 처음 업무지시를 받는 자리에서는 너무 많이 묻지 않는 게 좋다. 이에 대한 이유와 방법은 뒤에서 다시 설명할 예정이다. WHAT에 대한 확인이 없으면 상사가 생각하는 결과물과 여러분이 생각하는 결과물이 달라서 초반의 업무는 대개 헛수고가 될 공산이 크다. 그러면 "이게 뭐야!"라는 소리를 듣게 된다.

넷째, PRIORITY이다. 현재 자신이 진행 중인 업무에 대해 상사에게 이야기하고 업무들의 처리 순서를 확인받자. 상사들의 업무지시에 대한 기한은 늘 최대한 빨리, 즉 ASAP(As Soon As Possible)다. 여기서 "네, 알겠습니다" 하면 죽음의 골짜기로 간다. 지금 여러분은 다른 일도 하고 있기 때문이다. 현재의 업무와 새로 받은 업무 사이의 우선순위를 파악하지 않으면 새 업무와 현

업무 간에 순서가 뒤엉킨다. 넙죽넙죽 다 "알겠습니다" 하면 다른 업무에도 지장이 생긴다. "제가 이 업무 하느라 저 업무를 다 못했습니다" 하는 상황이 되면, "야, 이 주임! 이 업무지시 받을 때 미리 얘기했으면 내가 업무조정을 해주든 조치를 취하든 했을 거 아니야! 이제 와서 못했다고 그러면 어떻게 하란 말이야! 오늘 팀장님께 보고해야 하는데 어쩌라고!" 식으로 깨지게 되어 있다. 그렇다면 어떻게 우선순위를 확인받으면 좋을까?

새로운 업무지시를 받으면, "박 과장님, 제가 지금 이거는 언제까지 해야 하고 저거는 이때까지 해야 하는 상황인데, 지금 지시한 업무를 이때까지 하려면 저 업무는 제때 처리하기 어렵습니다. 뭐부터 해야 할지 결정해주시면 그것부터 처리하고 저거는 이때까지 하겠습니다"라는 식으로 처리해야 할 업무의 우선순위와 일정을 조정받자.

혼자 알아서 업무 우선순위와 일정을 정리하지 말자. 뇌피셜하지 말자. 상사를 통해 내 업무의 처리 우선순위와 일정을 조정받아야 한다는 것을 반드시 기억하라. 그래야 시간에 쫓기는 상황이 되었을 때 여러분만 잘못한 것처럼 독박 쓰는 일을 피할 수 있다. 업무지시를 받으면 3W+1P를 반드시 챙겨라.

이건 챙겨서 실전에서 써먹자

업무지시를 받으면 확인해야 할 네 가지 WHO, WHEN, WHAT, PRIORITY

1. 누구의 지시로 시작된 업무인지 확인하라.
2. 자신이 보고해야 하는 기한을 묻지 말고, 상사가 보고받아야 하는 기한을 물어보라.
3. 지시받은 업무의 목적과 아웃풋의 내용을 확인하라.
4. 많은 업무 중에서 어떤 업무를 먼저 할지 조정받자. 혼자 결정하지 말고.

업무 띵언

업무 요령이 별거 있나요, 익숙해질 때까지 시간을 들이는 거죠.

-드라마 미생 中

업무는 티키타카로 확인받자

　기록은 기억보다 실수를 줄여준다. 업무지시를 받으면 반드시 기록하자. 가능하면 기록은 반복해서 습관으로 만들자. 기록 습관이 여러분을 살릴 것이다. 많은 직장인들이 대체로 공식적인 회의(사실상 의논과 협의가 아닌 업무지시의 시간이다)에서만 다이어리나 스마트폰을 이용해 업무지시 내용을 기록하곤 하는데, 회의뿐만 아니라 업무시간 중 지시받은 내용도 기록해두는 것이 좋다.

　일례로, "이 주임, 잠깐 와볼래? 지금 하는 작업 말인데, 이런저런 것 확인해서 자료 다시 만들어 와봐" 식으로 업무시간 중 지시한 사항들은 나중에 확인해보면 안 되어 있는 경우가 많다. 이는 다른 일로 정신이 없는 와중에 간단한 구두로 업무지시를 들어서 가볍게 생각했다가 놓치기 때문이다. 그런데 이런 일이 한두 번이면 넘어갈 수도 있겠지만 몇 번 반복되면 자칫 업무누락의 아이콘으로 거듭날 수 있다. 자신의 평판과 실력을 관리하자.

자리로 돌아와서 기록하고 확인받자

업무지시를 들으면, 중요하든 아니든 일단 메모한다. 손으로 메모하기보다는 전자기기의 메모장 기능을 활용하는 것이 좋다. 일 잘하는 주니어들을 보면 대개 PC 메모장에 여러 가지를 메모해놓고 '할 일 리스트(To Do List)'를 만들어 확인하면서 일을 처리하곤 한다. 바람직하다. 그런데 주로 운영업무에 국한되어 있는 경우가 많다. 그날 해야 할 일을 적는 것을 넘어 기획업무에도 적용하자. 즉, 약간 까다로운 업무지시가 떨어지면 그 내용을 빠르게 정리하되, 업무 지시자(최종 의사결정을 누가 하는 업무인지)와 기한, 지시받은 내용, 추가 확인해야 할 사항 등으로 구분해 메모하면 된다.

다음으로, 지시받은 내용을 정리해 업무 지시자에게 공식적인 채널(회사 이메일이나 사내 인트라넷 메신저)을 통해 확인을 요청한다. 즉 '상사인 당신이 이러저러한 지시를 했는데 저는 그 내용을 이러저러한 것으로 이해했고, 기한은 언제까지이며, 이런저런 작업을 해야 하는 것으로 이해했습니다. 혹시 부족하거나 보탤 것이 있으면 말씀해주세요. 별도의 이야기가 없으면 이대로 업무 진행하겠습니다' 식으로 확인을 거친다.

공식 채널을 활용한 업무지시에 대한 확인 요청은 두 가지 효과가 있다. 먼저, 업무를 지시한 상사로부터 확인 요청에 대한 피드백이 없다면 그 방향의 업무처리가 맞다는 암묵적 동의를 얻은 셈이고, 나중에 문제가 생겨도 독박을 피할 수 있다. 다음으로, '이 친구, 내 지시사항을 잘 이해했고 정리도 좀 되고 있군' 하는 인식을 심어주어 체계적으로 일하는 주니어의 이미지로 각인될 수 있다. 확인에서 확신이 비롯된다.

공감의 티키타카를 하자

통상 여러분이 하는 업무들 중에는 시간이 꽤 소요되는 일들이 있다. 특히 회사의 기획 관련 부서(전략기획, 영업기획, 인사기획, 마케팅기획, 재무/회계, 영업채널기획, 상품기획, 광고기획, 영업제휴기획, 경영관리 등등) 업무라면 시간이 꽤 많이 필요하다. 즉 반복적이고 단편적인 운영업무 외에도 즉흥적이고 긴급한 업무가 있다. 여기서 즉흥적 업무는 ad hoc task라고 한다. 즉흥적이라 부르는 이유는 회사 내부 이슈와 외부의 환경 변화에 따라 즉각적으로 파악하고 계획을 수립해 대처해야 하는 업무이기 때문이다. 주로 수명업무, 긴급업무라고도 불린다. 즉흥업무는 대체로 시급한 사안이기 때문에 처음 업무지시를 받고 수행하는 중간에 확인 과정을 거치지 않으면 마무리 보고 시에 꽤 난감해질 수 있다.

예를 들어, 업무지시를 받았는데 기한을 1주일 정도 예정했다고 치자. 다시 말해 오늘 월요일에 특정 기획서를 다음주 월요일까지 보고하라는 지시를 받았다. 만약 그 기획서를 보고기한인 다음주 월요일 오후에 가져가면 초전박살 깨질 수 있다. 십중팔구다. 그 기획에 정말 많은 공을 들여서 이보다 더 좋을 수 없을 만큼 잘했다고 치더라도 말이다. 여러분 중에는 이런 경험이 있었거나 지금 겪고 있는 사람이 다수일 것이다. 도대체 왜 그럴까? 기한에 보고하라고 해서 보고했는데, 왜 난리일까?

그 이유는 공감대 형성 과정인 티키타카가 없었기 때문이다. 티키타카(tiqui-taca)란, 네이버 사전에 따르면 탁구공이 왔다 갔다 하는 모습을 뜻하는 스페인어다. 축구에서 짧은 패스를 빠르게 주고받는 전술을 뜻하기도 한다. 일상적으로 쓰이는 의미는 사람들 사이에 죽이 잘 맞아 빠르게 툭툭 주고받는 대화를 말한다. '아' 하면 '어' 한다는 말과도 같다.

그러면 업무현장에서 써먹을 수 있는 티키타카 방법을 살펴보자.

우선, 업무지시를 받았을 때 그 자리에서 업무의 목적과 아웃풋 내용을 물어봐야 한다. 첫 번째 '티키'다. 처음 업무지시를 받을 때는 왜 해야 하는지(목적), 어떤 내용을 담아야 하는지(방향성)를 중심으로 간단히 물어볼 수밖에 없다. 업무를 지시하는 상사보다 내가 더 내용을 몰라서 무엇을 물어봐야 할지도 모르기 때문이다. 그런데 업무를 하기 위해 기획서 스케치를 하다 보면 물어서 확인해야 하는 것들이 많이 생긴다. 이럴 때 업무 수행 과정에서 중간 중간 상사와 의논하자.

다음 단계는 '타카'다. 지시받은 내용을 바탕으로 정리해서 일하다가 스스로 방향성을 잡으면 상사와 방향성에 대해 의논하자. 선배인 박 과장에게 가서 "과장님, 지시하신 기획서 방향을 정리했는데 시간 되시면 논의 좀 드리고 싶습니다. 맞는지 확인하고 싶어서요"라고 한다. 그러면 박 과장은 시간을 내서 대충 얘기를 듣고 이러쿵저러쿵 본인 의견을 얘기한다. 회사에서 고참 실무자급(대리 말, 과장급, 초임 차장급 등) 정도 되면, 본인이 직접 기획서를 쓰지 못할 수는 있어도(선배들이 다 그렇다는 것은 아니니 오해 마시고) 가져온 내용에 대한 훈수(좋은 말로 피드백)를 둘 수준은 된다. 원래 사람은 자기 일은 어려워해도 남에 대한 훈수는 기가 막히게 잘한다.

단, 여기서 신경 써야 할 것이 있다. 방향성 논의는 업무지시를 받고 나서 최대한 빠른 시간 내에 하는 것이 좋다는 점이다. 가능한 한 하루(1 Day)를 지키면 좋다. 즉 업무지시를 받은 다음날까지 하는 게 좋다. 지시한 지 3~4일 정도 지났는데 그제야 방향성을 논의하자고 하면 "지시한 지가 언젠데 여태까지 뭐하고 이제야 방향성 얘기하냐"며 깨질 가능성이 매우 높다. 물론 안 하는 것보다는 낫겠지만.

이제 마무리 의논이다. 방향성에 대해 공유하고 난 이후에는 그 의견을 반영해 기획서를 작성하자. 그러다가 어느 정도 내용이 나오면 다 완성되지 않았어도 한 번 더 의논한다. "박 과장님, 얘기하신 방향성대로 기획서를 어느 정도 썼는데 중간 리뷰를 좀 받고 싶습니다"라고 한다. 그러면 박 과장은 또 이러쿵저러쿵할 것이다. 이때, 기획서의 내용이 박과장의 의도나 생각 등과 다르다면 많이 깨질 수도 있다. 하지만 나에게는 아직 수정할 시간이 있는 상황이다. 생각해보시라. 만일 업무 마감기한에 이런 피드백을 받는다면, 나는 뭔가를 할 수 있는 방법이 없다. 시간이 없기 때문이다. 따라서 깨지더라도 중간에 깨지는 것이 낫다. 수정할 시간을 확보한 상태이기 때문이다. 이렇게 업무수행 중간에 업무를 지시한 박 과장의 피드백을 받아서 계속 수정한다.

이제 마감기한에 맞춰 기획서 초안을 보고한다. 이렇게 되면, 보고를 받는 박 과장은 본인이 두 번이나 피드백을 해준 내용이기 때문에 훈수를 둘 만한 사항이 많지 않을 것이다. 그러면 최소한의 수정으로 나는 업무를 완수하게 된다. 물론 그 보고서를 가지고 박 과장은 팀장에게 보고하고, 팀장은 임원에게, 임원은 CEO에게 보고하는 과정이 또 있다. 우선 여러분은 거기까지는 생각하지 말자.

이건 챙겨서 실전에서 써먹자

확인에서 확신이 생긴다. 업무지시는 반드시 확인하는 습관을 들이자.

1. 업무지시를 받으면, 자리로 돌아와서 기록하는 습관을 갖자. 공식적 회의든, 일상적 지시든 말이다.
2. 메모한 업무지시 내용은 메일이나 메신저 등을 통해 상사에게 확인받자.
3. 공감의 티키타카가 중요하다. 티키는 업무지시를 받은 그날 하는 게 핵심이고, 타카는 업무 마감기한을 남겨둔 상태에서 해야 한다.

업무 띵언

시킨 대로 했어도 "너는 생각 바뀐 적 없어?!"라고 깨질 수 있으니 연중무휴로 확인하자.

– 필자들

독박을 피하려면 기록으로 남겨라

우선, 사례를 하나 살펴보자. 영업기획팀 김 주임은 전략팀의 최 주임보다 나이는 어리지만 입사 동기다. 이 둘은 다른 동기들보다 유독 친해서 같이 소개팅도 나가고 식사도 자주 하고 주말에 가끔 만나 영화도 보는 사이다.

하루는 김 주임이 팀장으로부터 수정된 영업실적 연간목표계획 자료를 전략팀에서 받아놓으라는 지시를 받았다. 그 자료가 있어야 영업계획 수정 보고서를 쓸 수 있다면서 말이다. 김 주임은 잽싸게 자리로 돌아와 사내 메신저로 최 주임과 채팅을 시작한다.

"언니~ 영업실적목표 변경됐어? 그 자료 우리 팀장님이 받아 달라는데, 보내줄 수 있지?"

"아, 그거? 박 과장님이 작성했고 최종 파일은 우리 팀장님이 갖고 있는데… 내가 물어보고 확인해서 알려줄게~"

"응 고마워~ 역시 언니 최고^^"

김 주임과 최 주임 사이에 채팅을 통해 대략 이런 대화가 오고 갔다.

다음날, 영업기획팀장이 김 주임에게 실적변경 자료를 달라고 한다. 그런데 아차! 김 주임은 그 일을 깜빡 잊고 있었다. 최 주임에게서는 가타부타 아직 연락이 없다. 김 주임은 팀장에게 한소리 듣고는 "팀장님, 죄송합니다. 바로 확인해볼게요"라고 말하고 최 주임에게 재빨리 메신저로 물어본다.

"언니 ㅜㅜ 어제 얘기한 그 자료 있잖아, 언제 보내줄 수 있어? 나 팀장님한테 혼났어 ㅜ"

"아, 맞다! 그거 깜빡했다. 어제 갑자기 바쁜 일이 생겨서… 미안. 근데 오늘 팀장님 안 계셔서 못 물어보는데… 어쩌지?"

이제 김 주임이 팀장에게 깨지는 일만 남았다.

여러분이 김 주임이라면 어떻게 했을 것 같은가? 김 주임은 무엇을 놓친 걸까?

김 주임은 최 주임과의 평소 친분을 바탕으로 업무지시 사항을 공식적으로 처리하지 않아 곤란한 상황에 빠졌다. 관리자 입장에서 보면 필요한(그것도 영업계획 변경에 사용해야 하는 실적목표) 자료를 평소 사적인 대화하듯 사내 메신저로 요청한 것이 실수였다.

사적 대화와 업무협조는 엄연히 다르다.

직장생활을 하는 여러분에게 혹은 여러분 주변에서 이런 일은 꽤 자주 일어난다. 왜 이런 일이 발생할까? 공식적 커뮤니케이션과 비공식적 커뮤니케이션을 혼동하기 때문이다. 일의 중요도를 떠나서 업무와 관련된 사항은 공식적으로 커뮤니케이션하고 처리를 해야 여러분이 피해 볼 일이 없다. 그런데 이를 혼동하는 주니어들이 상당히 많다.

공식적 커뮤니케이션 vs. 비공식적 커뮤니케이션

공식적 커뮤니케이션은 여러분이 다른 직원들과 업무를 처리할 때 기록이 남는 공식적인 채널을 활용해서 정보교류(업무에 대한 공유, 보고, 질문, 요청, 협의 등)를 하는 것을 뜻한다. 비공식 커뮤니케이션은 기록이 남지 않는 채널을 통한 정보교류라고 이해하면 된다.

여러분이 직장에서 업무를 수행하거나 처리할 때는 최대한(가능하다면 무조건) 공식 채널을 통해 커뮤니케이션하고 처리하는 습관을 들여야 한다. 그러지 않아 문제가 발생하면 그에 대한 독박을 여러분이 대박 뒤집어쓰기 때문이다. "그거, 네 잘못이잖아"라는 소리를 오롯이 들어야 하고 누구도 커버해주지 못한다.

공식적 커뮤니케이션은 공식 채널을 이용해야 한다. 공식 채널이란 법적 효력의 유무를 떠나 무조건 기록이 남는 수단을 말한다. 예를 들면, 대외적으로는 공문, 계약서 등이 될 것이고 대내적으로는 그룹웨어를 통한 공지사항, 부서 간 업무연락 문서, 업무 협조 요청을 위한 이메일 등이 되겠다.

여러분은 대외 업무보다 사내 업무처리 시 더 신경을 써야 한다. 그 이유는 이러하다. 대외 업무를 할 때는 공식적 커뮤니케이션을 당연하게 여긴다. 거래처나 협력사 혹은 기타 계약관계가 있는 다른 회사와 뭔가 업무를 처리할 때를 생각해보자. 우선 미팅이나 전화, 이메일 등으로 업무를 논의한 후 최종적으로 공문을 통해 요청 또는 확인을 하거나, 계약서 날인을 통해 최종적으로 확정 짓지 않는가. 여러분은 이미 이렇게 업무를 하고 있고 이걸 당연하다고 생각한다. 대외 업무는 회사 이름으로 발송되고 처리되는 것이기 때문에 까딱하면 큰 문제가 생긴다는 걸 여러분뿐만 아니라 여러분의 상사나 임원들도 익히 알고 있어서 엄청 신경을 쓴다. 그래서 여러분도 그렇게 잘하는 것이다(혹시 대외 업무에서 공문이나 계약서상 실수한다면 아마 시말서 아니면 거의 '퇴사각'…).

문제는 사내 업무를 처리할 때다. 사내에서 이뤄지는 업무는 보통 업무 상대방이 같은 직장 동료이고 편한 사람도 있고 친분도 있고 해서 상대적으로 편안한 상태라 긴장감이 좀 떨어진다. 그래서 주니어들의 실수는 사내 업무에서 훨씬 많이 발생한다. 그런데 이런 실수는 여러분의 평판과 실력에 대한 이미지로 연결될 수 있으니 주의해야 한다.

이메일을 잘 활용하자, 채팅 말고

공식적 커뮤니케이션 채널은 업무 내용의 성격에 따라 전사공지, 업무연락 문서, 이메일 등이 있다. 전사공지는 주로 본사 스태프부서(기획, 전략, 인사, 교육, 총무, 홍보 등)에서 사용하는데 전 직원에게 새로운 운영기준이나 변경된 규정, 제도 혹은 꼭 알아야 하는 사항을 알려주는 채널이다. 이 전사공지 사항은 한 번 게시하면 땡이다. 그 내용을 숙지했는지 여부는 직원 개개인의 문제이지 여러분의 문제는 아니다. 업무연락 문서는 모든 부서에서 활용한다. 관련 부서끼리 공식적으로 협조든 요청이든 할 때 내부 공문처럼 활용하는 공식 채널이다. 마지막으로 이메일이 있다. 이메일은 범용적이다. 모든 얘기를 다 담을 수 있고 활용이 가장 용이하다. 따라서 여러분이 공식적 커뮤니케이션을 해야 할 상황이라면 주로 이메일을 활용하는 것이 효율적이다.

이메일 활용이 뭐 그리 대수라고 이렇게까지 강조할까 생각할 수도 있겠다. 그런데, 이게 실제 업무현장에서 꽤 효율적이다. 잘만 활용하면 여러분 일이 편해지지만 잘못 쓰면 업무량만 늘어난다. 그래서 이메일을 공식적 커뮤니케이션 채널로 사용할 때 알아두고 활용하면 좋은 몇 가지 팁을 전달하고자 한다.

먼저, 이메일을 어떻게 구성하면 좋을지 생각해보자. 일단 무조건 간결해야 한다. 이메일은 사적 편지가 아니다. 따라서 6하원칙에 따라 필요한 내용만 아주 심플하고 간결하게 담으면 된다. 비대면 상태의 글만으로는 여러분의 간절하고 절실한 뉘앙스가 전달되지 않을 것 같다는 생각으로 메일 본문에 구구절절, 주저리주저리 쓰면 안 된다. 메일 수신자가 상대하기 어려운 사람이라면, 첫 인사말에 부드러운 스몰토크를 곁들이는 정도면 된다.

다음은, 메일을 보낼 때 참조 기능을 활용하는 것이다. 참조에 누구를 넣느냐 안 넣느냐는 정말 중요하다. 주니어인 여러분이 업무처리(요청, 협조, 회의 소집, 자료 제출 등)를 위해 메일을 보낸다면 그 수신자는 대개 유관부서의 선배들이 될 것이다. 그렇기 때문에 여러분이 업무 메일을 보낼 때는 반드시 참조에 여러분의 상사(일반적으로 부서 관리자인 팀장이 제일 좋고, 그게 좀 어렵다면 실무자 선배 중 과장이나 차장 등의 최고참)를 넣어서 보내야 한다.

그 효과는 이렇다. 해당 메일이 개인적으로 보내는 것이 아니라 부서 대 부서의 업무처리를 위한 것이라는 의미를 더욱 강조하는 측면이 있고, 수신자인 타 부서의 실무자에게 '자, 이 메일은 우리 팀장님한테도 함께 전달된 것이니 실무자인 당신이 제때 처리해주지 않으면 우리 팀장님이 너에게 한소리 하게 될 거니까 잘 처리해 달라'는 시그널을 함께 보내는 효과도 있다.

다음의 예시를 보자.

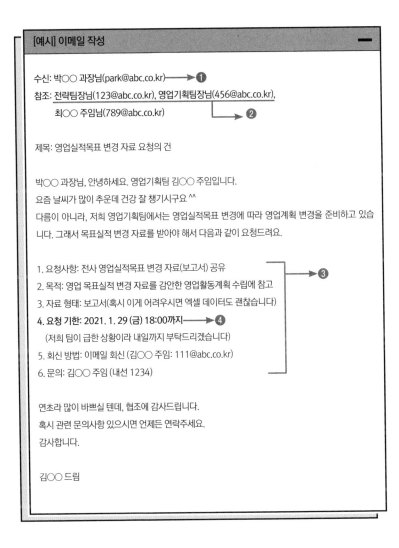

[예시] 이메일 작성

수신: 박○○ 과장님(park@abc.co.kr) → ❶
참조: 전략팀장님(123@abc.co.kr), 영업기획팀장님(456@abc.co.kr),
　　　최○○ 주임님(789@abc.co.kr)
　　　　　　　　　　　　　　　　　　　　→ ❷

제목: 영업실적목표 변경 자료 요청의 건

박○○ 과장님, 안녕하세요. 영업기획팀 김○○ 주임입니다.
요즘 날씨가 많이 추운데 건강 잘 챙기시구요 ^^
다름이 아니라, 저희 영업기획팀에서는 영업실적목표 변경에 따라 영업계획 변경을 준비하고 있습니다. 그래서 목표실적 변경 자료를 받아야 해서 다음과 같이 요청드려요.

1. 요청사항: 전사 영업실적목표 변경 자료(보고서) 공유
2. 목적: 영업 목표실적 변경 자료를 감안한 영업활동계획 수립에 참고
3. 자료 형태: 보고서(혹시 이게 어려우시면 엑셀 데이터도 괜찮습니다)
4. **요청 기한: 2021. 1. 29 (금) 18:00까지** → ❹
　　(저희 팀이 급한 상황이라 내일까지 부탁드리겠습니다)
5. 회신 방법: 이메일 회신 (김○○ 주임: 111@abc.co.kr)
6. 문의: 김○○ 주임 (내선 1234)
　　　　　　　　　　　　　　　　　　　　→ ❸

연초라 많이 바쁘실 텐데, 협조에 감사드립니다.
혹시 관련 문의사항 있으시면 언제든 연락주세요.
감사합니다.

김○○ 드림

앞에서 언급한 두 가지(6하원칙으로 간결하게, 참조에 나의 상사를 포함시켜서) 팁을 염두에 두고, 앞에서 사례로 제시한 김 주임의 경우라면 어떻게 하는 게 좋을지 실제로 메일을 써보았다.

이 예시를 바탕으로 공식적 커뮤니케이션이 어떤 측면에서 효과적인지 한번 생각해보자.

① 수신인의 명확화

김 주임은 실무자인 박 과장을 수신자로 정했다. 의사결정권자인 전략팀장을 수신자로 해서 메일을 쓰지 않았다. 이게 정상이다. 왜냐하면 조직에는 엄연히 위계가 있는데 주니어 직원이 다른 부서 팀장에게 곧장 '팀장님, 이거 좀 주세요' 하게 되면, "쟤는 뭔데 다 건너뛰고 나한테 직접 메일을 보내는 거야?" 식의 소리를 듣기 십상이기 때문이다.

② 참조의 활용

여기에 더해 참조를 활용했다. 참조에는 자기 팀장과 요청부서 팀장을 넣었다. 팀장들에게 메일이 다 공유되므로 전략팀장 입장에서는 '아, 이거 영업기획팀장 요청이구나' 하고 인식하게 된다. 또 박 과장 입장에서는 '아, 이게 김 주임 요청이 아니고 영업기획팀장 요청이구나. 제때 안 하면 내가 깨지거나 우리 팀이 욕먹을 수도 있겠군' 하고 생각하게 된다. 또한 김 주임의 팀장인 영업기획팀장은 별도로 묻지 않아도 '아, 김 주임이 내가 지시한 업무를 전략팀에 요청했군. 내일까지는 자료를 받을 수 있겠네'라고 생각하게 된다. 김 주임이 "팀장님, 말씀하신 자료 전략팀에 요청했어요"라고 보고하지 않아도 말이다.

③ 6하원칙의 활용

메일 내용도 심플하다. 무슨 자료가, 무엇 때문에, 언제까지, 어떤 형태로 필요한지 슥 보면 한눈에 읽힌다. 이 내용을 무슨 편지 쓰듯이 썼다면, 즉 '박 과장님, 안녕하세요. 이번에 전사적으로 변경된 영업목표실적이 필요한데요, 왜냐하면 그 숫자를 반영해서 영업계획을 다시 세워야 하기 때문입니다. 그래서 변경된 보고서 자료가 좀 필요하고요, 저희 팀에서 그걸 바탕으로 계획을 다시 짜야 하니까 좀 급해서 그러는데 내일 퇴근 전까지 좀 보내주실 수… 어쩌고저쩌고…' 이런 식이면 잘 읽히지도 않거니와 메일을 받은 박 과장은 짜증이 난다.

또한 김 주임이 생각하기에 본 요청에서 가장 중요한 것은 기한이었다. 그래서 메일 내용 중 기한에 해당하는 부분만 볼드 처리해서 확 눈에 띄게 보냈다. 김 주임 입장에서는 '박 과장님, 다른 건 대충 읽더라도 기한은 꼭 확인하고 협조해주세요'라는 속뜻이 담겨 있는 것이다. 이렇게 내용 중에 중요한 사항을 강조하는 것도 요령이다.

이렇게 공식적으로 업무협조 요청을 하면, 박 과장은 "팀장님, 영업기획팀 김○○ 주임이 보내온 메일 보셨죠? 급하다고 하니까 내일 바로 보내겠습니다. 제가 작성해서 드린 보고서에 수정사항 없으면 제가 가진 자료가 현재 최종 버전이니 그걸로 보내겠습니다"라고 보고하고 김 주임에게 자료를 보내줄 것이다.

만일 전략팀에서 제때 자료 제공을 안 해줬다고 치자. 그러면 김 주임이 깨질까? 아니다. 이렇게까지 했는데 요청 기한에 맞춰 자료를 받지 못한다면, 그건 김 주임의 책임이 아니다. 그때부터는 영업기획팀장이 전략팀장이나 박 과장과 직접 얘기하는 단계로 넘어간다. 이게 핵심이다. 공식적으로 업무 커뮤니케이션하면 혹여 일이 틀어져도 책임과 문제의 소지가 확연해진다.

김 주임이 박 과장과 평소 친분이 있더라도 메신저가 아닌 공식적인 채널을 통해 업무협조를 요청해야 한다. 만일 김 주임이 사내 메신저나 채팅 등을 통해 박 과장에게 자료를 요청했는데 제때 협조를 못 받으면, 김 주임이 박 과장에게 뭐라 할 수도 없고 책임은 오롯이 김 주임의 몫이 된다. 물론 사내 채팅이나 메신저가 편하기는 하다. 형식과 격식을 갖추지 않고도 빠른 의견교환과 파일 전송 등이 가능하니 말이다. 하지만 기억하자. 공식적인 업무는 기록이 정확하게 남는 채널(주로 이메일)을 활용하는 게 더 좋다.

추가로 팁 하나. 이메일도 문서의 일종이지만 메일을 문서처럼 쓰면 오버다. 그래서 A4지를 이용해 여러분이 하고 싶은 말을 이메일로 핵심 사항만 간결하게 적는 방법을 하나 알려주겠다. 엄청 쉬우니 한번 해보시길.

우선 A4지 한 장이 필요하다. 이면지도 좋다. 그걸 가로로 놓고 절반씩 두 번 접는다. 그러면 다음과 같은 모양이 된다.

자, 이렇게 접었으면 네 등분된 각각의 칸에 다음의 내용을 적어보자. 이메일을 쓴다고 생각하고 왼쪽부터 배경(왜), 목표(무엇을), 실행방안(어떻게), 기대효과(뭐가 좋아져)를 써보는 연습을 한다. 내용도 좋고 키워드도 좋다.

배경	목표	실행방안	기대효과
왜	뭐	어떻게	꼭 해야 돼

이메일 수신 상대가 업무관계가 멀다면 배경과 목표, 실행방안을 중점적으로 써서 설득하고, 업무관계가 가깝다면 목표와 실행방안, 기대효과를 중점으로 쓰면 된다. 예를 들어 자료 협조를 요청해야 한다면 배경과 요청할 자료의 구체적인 내용을 목표와 실행방안 칸에 쓴다. 업무와 관련해 어떤 역할을 기대한다면 목표와 실행방안, 그리고 상대가 얻을 수 있는 기대효과를 중점적으로 쓴다. 만일 더 짧게 써야 하는 상황이라면, 네 칸의 영역 중에서 핵심적인 부분만 골라 쓰는 센스를 발휘하자.

이메일이 시작이고, 확인이 마무리다

여기까지는 센스 있는 주니어들이라면 이미 하고 있을 것이다. 그런데 일 좀 한다는 소리를 들으려면 하나 더 기억할 필요가 있다. 기록이 남는 이메일을 통해 공식적으로 업무 커뮤니케이션을 했다고 해도 그게 다가 아니다. 이메일을 보내고 나면 가능한 한 후속조치(follow up)를 하자. 여기서 말하는 후속조치란, 여러분이 공식적으로 업무 커뮤니케이션한 사항에 대해 상대방에게 재확인시켜주거나 예의 바르게 재촉하는 것을 말한다.

앞에서 말한 김 주임의 사례를 다시 보자. 김 주임이 이메일을 통해 공식적으로 업무 요청을 잘했다고 치자. 그런데 자료를 요청한 다음날 전략팀으로부터 받아야 할 자료를 못 받았다. 전략팀 박 과장이 너무 바빴기 때문이다. 이 상황에서는 김 주임의 책임은 없다고 말했다. 그러면 정작 급한 상황에 있는 영업기획팀장은 전략팀장이나 박 과장에게 "우리가 좀 급해서 그러는데, 미안하지만 자료 좀 빨리 협조해줘" 하며 직접 요청하게 될 것이다. 이런 일이 한두 번 정도면 영업기획팀장도 그러려니 할 것이다.

그런데 만일 김 주임이 업무를 처리할 때마다 유관부서의 업무 협조가 잘 안 된다면 어떨 것 같은가? 그러면 이제 김 주임을 탓하게 된다. "김 주임, 왜 매번 김 주임 업무에서만 이렇게 타 부서 협조가 잘 안 되지? 뭐가 문제야?" 이런 소리를 듣게 될 수 있다.

이런 상황을 방지하려면 김 주임은 공식적 업무 커뮤니케이션 이후에 후속조치를 해야 한다. 어떻게? 간단하다. 전화하면 된다. 물리적 거리가 가까우면 직접 찾아가도 된다. 김 주임이 일을 더 깔끔하게 하려면 이메일로 업무 요청을 한 다음날 17시쯤 박 과장에게 전화한다. "박 과장님, 영업기획팀 김 주임입니다. 어제 메일로 요청한 자료요. 오늘 18시까지 부탁드렸는데요, 혹시나 해서 연락드렸는데 오늘 중으로 보내주실 수 있으시죠?" 이렇게 말이다. 그러면 보통 일반적인 박 과장은 이렇게 얘기한다. "아, 맞다! 깜빡하고 있었네! 그래 알겠어. 시간 맞춰서 보내줄게요." 그런데 좀 과격한(?) 박 과장이라면 이렇게 얘기할 수도 있다. "김 주임! 뭘 그렇게 닦달해! 시간 맞춰 보내주려고 했는데, 거참!" 그래도 괜찮다. 박 과장은 부서 직속상사가 아니지 않은가. 이 정도 갈굼은 갈굼도 아니다. 일이 되게끔 챙기는 게 우선이다.

만일 후속조치를 안 해서 김 주임이 업무를 제대로 처리하지 못하는 경우가 자주 발생하면 김 주임의 팀장은 김 주임에게 이렇게 소리칠 것이다. "김 주임! 메일만 보내놓으면 다야?!!"

그렇다. 공식적인 업무 커뮤니케이션을 다 했더라도 후속조치까지 한다면 일을 깔끔하게 처리할 수 있다. 주니어인 여러분들은 후속조치까지 해야 한다는 것을 반드시 기억하자.

이건 챙겨서 실전에서 써먹자

기록에 남는, 공식적 업무 커뮤니케이션 채널을 사용하자.

1. 공식적 커뮤니케이션이란, 업무처리를 할 때 기록이 남는 공식적인 채널을 활용해서 정보교류(업무에 대한 공유, 보고, 질문, 요청, 협의 등)를 하는 것을 의미한다.
2. 특히 이메일을 잘 활용하라. 이메일을 쓸 때는 수신인을 명확히 하고, 참조를 잘 활용해야 하며, 내용은 6하원칙으로 간결하게 써야 한다.
3. 메일만 보냈다고 할 일 다 한 거 아니다. 재확인시켜주거나 재촉해서 일을 깔끔하게 처리하자.

업무 띵언

잘 떠넘기고 책임감 없는 사람이 주변에 많을수록, 업무는 기억보다 기록으로 남겨라.
– 필자들

제때, 제대로 질문하자

여러분의 상사(지금의 직속선배 혹은 팀장을 떠올려보자)는 여러분이 어떤 질문을 하면 제일 싫어할까? 지금 잠깐만 생각해보자.

'질문을 아예 안 하는 걸 가장 싫어할까? 후배인데 '답정너(답은 정해져 있어, 너로!)' 같은 질문을 하는 걸 제일 싫어할 수도 있겠군…. 핑계 대는 질문을 가장 싫어하려나? 본인이 모르는 걸 물으면 엄청 당황하며 싫어하겠지?' 등 답변은 다양할 것이다.

필자들이 내린 결론은 이렇다. 다음의 질문은 여러분이 절대로 하지 말아야 한다.

"팀장님(과장님 혹은 선배님), 이거 뭐예요? 이거 어떻게 해요?"

뉘앙스를 잘 살펴보자. "팀장님, 이거 뭐예요? 이거 어떻게 해요?"라는 질문의 의미가 무엇일까?

'팀장님, 니가 얼마 전에 지시한 그 업무 있잖아요… 니가 한 얘기가 뭔 말인지 잘 모르겠고요, 뭘 어떻게 하라는 건지 모르겠는데요?' 이런 속뜻이 담겨 있다고 상대가 느낀다. 물론 정말 몰라서 물어봤다고 생각할 수도 있다. 이때는 "모르면 좀 찾아보는 게 어때?"라는 대답이 여러분을 기다리고 있을 것이다. 때로는 "모르는 게 무슨 벼슬이냐?!"라는 매몰찬 멘트가 날아와 화살처럼 여러분의 가슴에 박힐 수 있다.

다음의 "어떻게 해요?"라는 질문은 어떨까? '아오! 이 녀석이 또 아무 생각이 없네… 아오! 미치겠네! 고민 좀 하지 쫌!!' 이런 생각을 하면서 깨고 싶은 충동을 아주 강하게 느낀다. 여러분의 상사가 허허실실 득도한 사람이 아니라면 슬슬 여러분을 들볶을 마음이 들기 시작한다.

앞에서 말했듯 질문은 업무적 커뮤니케이션의 출발점이다. 여러분이 질문을 하는 이유는(질문을 할 수밖에 없는 이유는) 업무지시를 받은 것에 대해서 좋건 싫건 간에 모르는 것이 생기거나 의사결정할 사항이 생기기 때문이다. 그런데 그것을 아무 생각 없이 단순하게 "이거 어떻게 해요?"라고 묻는다면, 업무에 대한 고민이 없는 사람이라는 것을 스스로가 증명하는 모양새가 된다. 여러분의 이미지와 평판을 백 퍼센트 시원하게 깎아먹는다. 그러면 어떻게 질문을 하면 좋을까?

질문은 '내용'과 '타이밍'으로 구분하자

회사나 조직에서 상사들에게 질문할 일이 전혀 없는 분들은 이 내용을 안 봐도 된다. 그런데 아시다시피 그건 상상 속에서나 가능한 일이다. 여러분은 상사들에게 질문을 하지 않고 직장생활을 할 수가 없다. 자, 그러면 상사에게 어떻게 질문하면 좋을지 살펴보자.

우선, 질문의 내용을 기준으로 질문은 다섯 가지 유형으로 구분해볼 수 있다. 개념(Play) 질문, 당위성(Why) 질문, 방법(How-to) 질문, 비교(Synthesize) 질문, 가치관(Value) 질문이 그것이다. 이 질문의 유형 구분은 전작인 《90년생과 일하는 방법(2019)》에서 이미 밝힌 바 있다.

개념(Play) 질문은 개념을 묻는 것으로 정의, 구성요소 등에 대한 질문을 의미한다. 가장 기본적이고 기초적인 질문이다.

당위성(Why) 질문은 업무의 필요성이나 현상의 원인 파악에 대한 질문을 의미한다. 이 업무가 왜 필요한지 그 이유는 무엇인지에 대한 질문이나, 현상분석의 원인 등에 대한 질문이 되겠다.

방법(How-to) 질문은 업무를 실행할 때의 진행단계나 구성요소 등에 대한 질문이다. 풀어보면 어떻게 하면 되는지, 즉 실행방안이나 추진방법 등에 대한 질문이다.

비교(Synthesize) 질문은 뭔가를 비교하여 공통점이나 차이점을 정리할 수 있는 질문이다. 예를 들어 A안과 B안의 공통점과 차이점은 무엇인지를 정리하거나 A업체와 B업체의 장단점은 무엇인지를 살펴보는 질문이다.

끝으로 가치관(Value) 질문은 대안을 제시하고 '나는 이 대안이 가장 좋다고 판단하는데 당신 생각은 어떠한가'의 방식으로 관점을 바꾸어 물어보는 질문이다. 일종의 역지사지 질문이다. 예를 들면 "선배라면 어떻게 하시겠어요?" 식의 질문이다.

질문을 타이밍, 즉 시기로도 구분할 수 있다. 업무 절차에 따라, 업무 초기에 할 질문, 중간에 할 질문, 마무리 단계에서 할 질문들이다. 이건 상식이다. 그런데 업무현장에서 이 상식을 벗어나는 일들이 벌어지는 경우가 종종 있다. 예를 들어 살펴보자. 초기에 물어볼 질문을 마무리 때 하고, 중간에 할 질문을 초기에 한다면 어떨까? 정말 '대환장 파티'가 벌어진다. 여러분이 엄청 깨지는 것은 물론이고 여러분의 선배나 팀장이 밤새며 여러분의 업무를 백업(back up)하는 상황이 발생한다. 왜냐하면 업무의 마감기한(due date)이 가까워오는데 업무의 방향성을 질문하거나, 실행방안을 구상해야 하는 시기에 현황분석에 대한 내용을 질문한다는 것은 곧 업무가 전혀 진행이 안 됐다는 뜻이니까 말이다. 그래서 업무단계에 맞는 질문을 해야 한다. 타이밍을 놓치면 업무를 망칠 수 있다. 여기서 타이밍은 업무 진행절차 단계상의 타이밍이다. 업무의 초반, 중간, 마무리 단계에 따라 그에 맞는 질문을 해야 한다는 얘기다.

업무 초반에는 이 업무의 배경, 목적, 개념, 방향성, 절차 등을 물어봐야 한다. 업무 초반에 결론에 대한 질문을 할 수는 없지 않은가? 예를 들어, "팀장님, 지시하신 이 업무는 이러저러한 방향으로 해보라는 말씀으로 이해되는데요, 제가 맞게 이해하고 있는 건가요?" 이런 질문이 되겠다. 업무 초반에는 조사하거나 분석한 것이 전혀 없으므로 결론 질문을 할 수가 없다.

업무 중반에는 여러분이 조사하고 분석한 내용에 대한 타당성 여부 등을 확인하는 질문을 해야 한다. 예를 들면, "과장님, 이 업무의 현황 파악을 끝내고 이러저러한 결론으로 보고서를 쓰려고

하는데요, 이 방향이 맞나요?", "팀장님, 지시하신 이 업무를 실행하려면 이런저런 문제를 해결해야 하는 것으로 분석했는데, 현황 조사에 따른 문제를 이렇게 도출하는 것이 합리적일까요?" 이런 질문들이 되겠다.

업무 마무리 단계쯤에서는 결론에 대한 의사결정을 묻는 질문을 해야 한다. "팀장님, 분석 결과 실행방안 대안을 1안, 2안, 3안으로 도출했는데 제 의견으로는 1안이 가장 합리적일 것 같습니다. 팀장님 생각은 어떠세요?" 이런 정도다.

지금까지 질문을 '내용'과 '타이밍'으로 구분하여 바람직한 질문의 종류를 설명했는데 업무 초기-업무 중반-업무 마무리별로 권장하는 질문은 다음과 같다.

질문의 내용×타이밍 적용법

업무 초기 단계	업무 중간 단계	업무 마무리 단계
개념(Play) 질문	방법(How-to) 질문	가치관(Value) 질문
당위성(Why) 질문	비교(Synthesize) 질문	

업무 초기 단계에는 주로 개념(Play) 질문과 당위성(Why) 질문을, 업무 중간 단계에는 방법(How-to) 질문과 비교(Synthesize) 질문을, 업무 마무리 단계에는 가치관(Value) 질문을 주로 사용해야 한다. 개념(Play) 질문은 주로 정의, 구성요소 등에 대한 것인데 이러한 질문은 당연히 업무 초반에 활용할 수 있다. 비교(Synthesize) 질문은 비교하여 공통점이나 차이점을 정리할 수 있는 질문으로 업무 중간 단계에서 유용하다. 가치관(Value) 질문은 의사결정을 묻는 것으로 일의 막바지에 하는 것이 효과적이다.

이렇듯, 질문을 할 때는 우선 여러분이 하고 있는 업무의 진행 단계를 생각하고 그 단계에 따라 질문의 형태를 선택해야 한다. 이 방식이 일상적인 업무와 대화에서 상식적인 것이다. '아니 그럼, 업무 마무리 단계에는 개념 같은 걸 묻는 개념(Play) 질문은 절대 하지 말란 말이야?'라고 생각하는 분들이 혹시 있을 수도 있겠다. 당연히 그렇지 않다. 각 업무단계에서 융통성 있게 다섯 가지 질문을 사용할 수 있다. 필자들은 그 업무단계에서 가장 바람직한 질문의 형태를 말한 것이니 오해 마시길 바란다.

이건 챙겨서 실전에서 써먹자

바람직한 질문의 방법들

1. 질문은 내용에 따라 개념(Play) 질문, 당위성(Why) 질문, 방법(How-to) 질문, 비교
   (Synthesize) 질문, 가치관(Value) 질문으로 구분할 수 있고, 타이밍에 따라 업무 초기
   단계, 중간 단계, 마무리 단계에서 해야 하는 질문이 있다.
2. 업무 초기 단계에는 주로 개념 질문과 당위성 질문을, 중간 단계에는 주로 방법 질문과
   비교 질문을, 마무리 단계에는 주로 가치관 질문을 하는 것이 좋다.

===업무 띵언===

질문이 잘못되면 대답도 엉터리가 되고 맙니다.

-고도원의 아침편지 中

질문은 폐쇄형으로,
대답은 제안형으로

질문을 내용과 타이밍에 따라 구분할 수도 있지만, 대답의 범위에 따라 폐쇄형 질문과 개방형 질문으로 나눌 수도 있다. 이 장에서는 현장에서 바로 쓸 수 있는 질문 방법 3가지를 살펴보자.

질문은, 무조건 폐쇄형으로

첫째, 무조건 폐쇄형으로 질문해야 한다. 폐쇄형 질문이란, 네이버 백과사전에 따르면 '미리 준비된 선택지들 또는 항목들 가운데서만 답을 선택하도록 하거나 또는 제한된 수만큼의 단어로 답하도록 구성된 질문'이다. 쉽게 말해 객관식 질문이라고 이해하면 되겠다. 그럼 폐쇄형 질문의 반대는 무엇일까? 그렇다. 개방형 질문이다. 개방형 질문의 사전적 정의는 '선택지나 항목들을 미리 준비하거나 답을 일정한 양으로 제한하지 않고 응답자가 자신의 견해나 태도를 자유롭게 표현할 수 있도록 구성한 질문'인데, 쉽게 말해 주관식 질문이다. 두 가지 질문 방법을 업무현장에 적용하자면, 개방형 질문은 절대 안 되고 무조건 폐쇄형 질문을 해야 한다. 설명 들어간다.

개방형 질문은 쉽게 말해 주관식 질문이라고 했다. 회사에서 상사에게 개방형 질문을 한다면 어떤 상황이 연출될까? 상황을 머릿속으로 그려보자.

대표적인 개방형 질문으로는 "팀장님, 이거 뭐예요?", "과장님, 이거 어떻게 해요?" 정도를 들 수 있겠다. 앞서 회사에서 절대 하지 말아야 할 질문이 "이거 어떻게 해요? 이거 뭐예요?"라고 강조했다. 여러분의 상사는 과외선생님이 아니다. 모른다고 대뜸 뭐냐고, 어떻게 하냐고 물어보면 자신의 수준만 드러날 뿐이다. 질문에서 경험의 수준이 드러난다. 하나하나 일일이, 친절하고 자세하게 알려줄 여유가 선배나 팀장에겐 없다. 그래서 이들에게 개방형 질문을 던지면, '너는 고민 안 하고 뭐 하냐?', '실무자는 넌데, 상사인 나에게 일을 넘기려고 하는 거냐?'라는 뉘앙스를 마구 풍기며 좌우, 위아래로 말의 화살이 날아온다. 싸늘하다. 하지만 걱정

할 필요 없다. 다 방법이 있으니까.

그렇다면 어떻게 물어보면 좋을까? 폐쇄형으로 질문하면 된다. 필자들이 강조하는, 여러분이 해야 하는 폐쇄형 질문은 '의견(혹은 대안)을 갖고 물어보는' 것이다.

예를 들어보자. 개념을 모르는 것이 있어서 물어봐야 하는 상황이다. 이때 맨땅에 헤딩하듯 냅다 "팀장님, 성과평가가 뭐예요?"라는 질문보다는, "팀장님, 제가 알아본 바에 의하면 성과평가는 구성원의 업무수행 결과를 객관적인 지표에 의해 측정하고 평가하여 그 결과를 구성원에게 피드백을 통해 인지시키는 일련의 과정이라고 알고 있는데요, 우리 회사에서 적용하는 성과평가 의미도 이게 맞는 건가요? 아니면 뭔가를 더 보완해야 하나요?"라고 물어본다. 폐쇄형 질문은 자신이 알고 있는 지식과 의견을 정리하며 묻게 되므로 상대와 점차 이해의 거리를 좁혀가며 핵심으로 접근할 수 있다. 개념이나 정의 등 기본적인 것을 물어볼 때도 자신의 지식과 의견을 정리하며 말하면 한결 수준 있어 보이고, 상대도 변두리 지식이나 뜬구름 같은 답변을 내놓는 대신 핵심을 짚기 위해 노력하게 된다.

특히, 상대가 의사결정을 해야 하는 상황이라면 묻지도 따지지도 말고 폐쇄형 질문을 활용하자. "팀장님, 이 업무 분석 결과가 이래저래 나왔는데요, 이제 어떻게 할까요?"라고 묻기보다는 "팀장님, 분석 결과 실행할 수 있는 방안이 A안, B안, C안으로 도출되었습니다. 이런저런 이유로 A안이 가장 효율적일 것으로 보입니다. 팀장께서는 어떠세요?"라는 식으로 질문한다. 만일 여러분이 제시한 대안 세 가지가 모두 상사의 마음에 안 들더라도, 상사는 "그래? 그렇군. 그런데 말이야 김 주임, 제시한 세 가지 대안 말고 D대안과 E대안도 한번 검토해보면 어때? 그 뒤에 다시 얘기하자"라는 식으로 매끄럽게 대응하게 된다.

질문을 꼭 말로만 해야 하나요?

둘째, 질문은 말이 아닌 이메일이나 사내 메신저 등의 기타 도구로도 할 수 있다. 즉 질문을 꼭 말로만 해야 한다는 고정관념을 버리자. 일반적으로 회사에는 이메일, 사내 메신저, 사내 채팅 등 몇 가지 커뮤니케이션 도구들이 있다. 질문할 때 이런 것들을 이용하는 것도 효과적이니 적극 활용하기 바란다. 이메일이나 사내 메신저 등으로 물으면 좋은 점은, 우선 자신의 생각과 의견을 정리해서 질문할 수 있다는 것이다. 또한 상대의 상황을 고려할 수 있어 매우 유용하다. 즉 질문을 할 때도 상사나 팀장이 처한 분위기를 살펴가며 해야 한다는 의미다. 상사나 팀장이 바쁘거나, 상사가 윗사람에게 깨졌다거나, 부서 전체 분위기가 별로 좋지 않다거나 하는 등의 상황이 종종 발생하는데, 이럴 때 자신의 업무가 급하다고 "팀장님, 질문드릴 게 있습니다. 이러쿵저러쿵" 하다가는 "나중에 물어봐!!!" 혹은 "지금 그거 물어볼 때야?!"라며 여러분한테도 불똥이 튄다. 그렇다고 그 업무를 하루이틀 미루면 업무 일정이 꼬일 수 있다. 춤추다가 스텝이 꼬이면 무대에서 넘어지듯 일이 꼬이면 수습에 골치가 아파진다. 이럴 때 이메일, 사내 메신저, 채팅 등을 이용해 질문하면 나중에라도 상사가 급한 불을 끄고 답변할 수 있다. 눈치만 살피다가 질문을 늦게 하면 상사에게 "이걸 지금 물어보면 어떡해!!!"라는 괜한 화를 당할 수 있다. 다들 알지 않는가? 불벼락, 괜한 화풀이 말이다.

공식적인 채널(이메일이든 사내 메신저든)을 활용해 질문을 해놓으면 다음과 같은 효과도 볼 수 있다. 내 업무를 하는 과정에서 적절한 시기에 적절한 질문을 하려고 했는데, '상사인 니가 정신이 없어 보여서 못 물어본 거니까 업무가 조금 지연되어도 그건 적시에 대답을 안 해준 상사 니 책임이야'라는 시그널을 보낼 수 있고 행여 업무가 지연되었을 때의 리스크 분산 효과를 챙길 수 있다.

필자들의 경험을 살려 말하자면, 사내 채팅이나 카톡 같은 개인 채팅시스템보다는 이메일이나 사내 메신저를 권장한다. 이메일이나 사내 메신저는 공식적으로 기록이 남아 나중에 확인이 쉽다.

수다도 실력이다, 단 과하지 않게

현장에서 즉각 적용 가능한 세 번째 질문 방법은 가벼운 대화인 스몰토크를 활용하는 것이다. 회사생활이라고 해서 근무시간 내내 업무 얘기만 하지는 않는다. 잠깐 커피 한 잔 마시거나 점심식사나 회식 등을 하면서 여러분은 상사와 동료, 후배들과 이런저런 다양한 얘기를 나눈다. 평소 친분이 있는 사람들과는 특별히 할 얘기가 없어도 휴게공간에서 커피 한 잔 마시며 유쾌하게 수다를 떨기도 한다. 그러나 친분이 별로 없거나 어려운(특히 상사들이 되겠다) 사람들과는 5분에서 10분 정도의 짧은 커피 타임이나 식사 시간이 고역일 수 있다. 왜 그럴까? 할 얘기가 없어서다. 공감대도 없고 서로의 관심사도 모른다. 아무튼 이래저래 많이 불편하다.

이런 불편한 상황을 해소해주는 대화법이 스몰토크다. 스몰토크는 어색한 분위기를 풀기 위해 소소한 주제(영화, 취미, 스포츠 등)로 대화의 물꼬를 트는 가벼운 수다 정도 되겠다. 즉 최근 유행하는 드라마나 뉴스 등의 가십거리로 가벼운 공감대를 먼저 확보하는 것이다(물론 정치와 종교 애기는 피하는 게 좋다). 대화의 왕래가 이뤄져야 업무에 대한 거래가 한결 수월해진다. 그렇다고 상대와 각별한 친분을 쌓아야 한다는 건 아니니 부담을 느낄 필요는 없다. 대화의 애피타이저라고 여기면 되고, 업무 애기 전에 가벼운 수다를 곁들인다고 보면 된다.

상황을 머릿속으로 그려보자. 업무 중 평소 별다른 친분이 없는 상사에게 질문할 일이 생겼다. 그런데 무턱대고 상사의 자리로 찾아가 "과장님, 질문이 있는데요. 이러쿵저러쿵…" 하기란 쉽지 않다. 이때 상사에게 다가가 "과장님, 상의드릴 게 좀 있는데요. 커피 한 잔 같이 마시면서 여쭤봐도 될까요?"라고 한다면 어떨까? 상사가 정말 바쁜 상황이 아니라면 "그래? 알았다" 하면서 탕비실이든 휴게공간이든 이동하게 될 것이다.

그렇게 커피를 준비해 자리에 앉았다면 곧바로 업무 관련 질문보다는 우선 가벼운 수다로 훈훈한 분위기를 만들자. 가벼운 수다의 주제로는 현재 인기 있는 드라마나 영화 또는 최근 이슈가 되는 스포츠 스타 얘기도 좋다. 혹시 그 상사의 관심사를 알고 있다면 그것에 대한 얘기를 해도 좋겠다. 그러고 나서 여러분이 해야 하는 업무와 유사한 내용의 과거 업무 얘기를 먼저 꺼낸다. 예를 들면 "과장님, 그때 그 업무 되게 어려웠을 거 같은데 어떻게 해결하신 거예요? 어떻게 진행하셨어요?" 이런 식이다. 그러면 상사는 신나서 이러쿵저러쿵 얘기할 것이다. 이제 원래 하고 싶었던 질문을 훅 날린다. "그래서 말인데요, 과장님. 제가 그와 유사한 이러저러한 업무를 하고 있는데, 이런 문제가 생겨서… 어떻게 하면 좋을까요?" 이렇게 본론 질문을 하면 된다.

여기에서의 핵심은 불편한 상사에게 질문을 해야 할 때, 평소에 친분을 쌓아놓거나 그게 어렵다면 본론 질문을 하기 전에 수다를 좀 활용하라는 거다. 단계로 정리해보자면 '가십거리 얘기(수다)→유사 경험 묻기→업무 질문'이 되겠다. 본격적인 질문 전에 적당한 수다를 활용하자. 다만, 너무 과하면 여기저기 말을 옮기고 수다스러운 사람인 빅마우스(big mouth)로 인식되어 직장생활이 불편해질 수 있으니 적당히 하자.

이건 챙겨서 실전에서 써먹자

현장에서 바로 쓸 수 있는 3가지 질문 방법

1. 질문할 때는 무조건 폐쇄형 질문으로 하라. 폐쇄형 질문은 '의견 또는 대안을 갖고 물어보는 질문'이다.
2. 질문은 꼭 말로 하지 않아도 된다. 질문도 때가 있으니 때를 놓치지 않는 것이 중요하다. 이메일과 사내 메신저 등을 통한 질문은 자기 생각을 정리할 수 있고 상대의 상황을 고려할 수 있다는 장점이 있다.
3. 스몰토크를 활용하면 보다 자연스러운 타이밍에서 질문할 수 있다.

업무 띵언

물어봐도 욕먹고 안 물어봐도 욕먹는다. 이왕 욕먹을 거면 물어보고 욕먹는 게 낫다.

−필자들

06

데이터가
업무의 퀄리티를 결정한다

#이야기 하나

맛의 비결을 숫자로 이야기하는 설렁탕 맛집이 있다. 바로 36-2-0-60이다.

먼저, 36이다. 어린 소를 곰탕 재료로 쓰면 풍미도 없고 고기가 풀어진다고 한다. 반면 나이든 소는 육질이 질겨, 36개월 된 소가 곰탕 재료로 가장 적당하다고 한다. 즉 36은 음식의 재료에 대한 숫자 표기다.

다음은 2이다. 이것은 끓이고 식히면서 기름기를 제거하는 과정을 2번 거쳐 맑은 국물을 내는 것을 일컫는다고 한다. 즉 음식 만드는 방법을 숫자로 표현한 것이다.

그다음은 0이다. 인공 조미료를 전혀 쓰지 않는다고 한다. 역시 재료를 숫자로 나타냈다.

마지막 60은 음식점 개업 이후 지나온 역사를 일컫는데, 이는 당시 허영만 작가가 방문했던 1999년도의 숫자이므로 현재 2021년에는 82년이 되었을 것이다.

– 허영만 〈식객〉 중에서

#이야기 둘

허영만의 문하생으로 만화계에 입문한 윤태호는 "(허영만 선생님의) 연재 원고 1회분(25~30쪽)을 그리면 참고서적이 20~30권 쌓였다. 취재 갔다 돌아와 화실 여직원에게 비닐봉투를 건네면 24~36컷 필름통이 도토리처럼 쏟아졌다"라고 회상했다. 즉 "히트작은 거저 이루어지는 것이 아니라 소재와 내용에 대한 노력이다. 한마디로 히트작은 번쩍이는 창작력이 아닌 자기 일에 대한 인내심과 꾸준함이라 할 수 있고, 그것은 재료에 대한 집착이다"라고 말했다.

– 윤태호 인터뷰에서

('39년간 히트만화 제조기 만화가' 허영만, 〈조선일보〉 2013년 7월 26일자)

#이야기 셋

"재료가 좋지 않으면 어떤 음식을 해도 맛이 별로예유."

지역의 골목상권을 살리고자 전국 골목을 직접 찾아다니며 식당의 고민을 듣고 문제점을 해결하는 프로그램 〈백종원의 골목식당〉에서 자주 나오는 말이다. 이 프로그램에서 백종원 씨는 재료의 중요성을 매번 언급하며, 재료를 시중에서 구매하기보다 직접 준비하는 것이 좋다고 강조한다.

혀끝에 닿는 음식 맛처럼 일의 맛도 준비한 재료에서 비롯된다. 해야 하는 업무에 필요한 재료인 데이터 및 자료들을 얼마나 정성껏, 디테일하게 조사하고 준비하느냐가 관건이다. 음식처럼 업무도 재료가 시원치 않으면 결과도 시원치 않다.

업무의 퀄리티는 데이터와 준비에서 결정된다

보통 회사에서 주니어들에게 주어지는 업무들 중에는 자료 조사 업무가 특히 많다. 왜 그럴까? 자료나 데이터 수집이 좀 귀찮다. 사실 굉장히 귀찮다. 회사 내부 자료라 해도 어디 한 군데 가지런히 정리되어 있는 경우가 거의 없고, 특히 다른 회사에 대한 조사는 막막하다. 이런 수고와 번거로움 때문에 자료 찾기와 정리를 후배인 주니어에게 시키는 게 아닐까 싶다. 이렇게 정리된 데이터를 받아 선배들은 나름의 의미를 찾고 보고해야 할 내용에 집중하려는 것일 터이다. 그나마 자료 찾기와 정리를 통해 차근차근 업무에 익숙해지도록 하려는 선배가 있다면 엄청 감사하게 여길 일이다. 요즘은 차근차근 업무를 익히게끔 해주는 선배도 많지 않다. 대부분 후딱후딱이다. 아예 보고서 작성 업무를 통째로 넘기는 선배들도 있다(이런 썩을!).

아무튼 주니어의 주요 업무 중 하나는 자료나 데이터의 수집 및 조사다. 주니어가 조사한 데이터와 자료는 다시 선배의 손을 거쳐 개선방향과 대안을 뽑는 근거가 되고, 이를 바탕으로 팀장은 추가적인 가공과 선별을 통해 실행방안을 만들어 임원에게 보고한다. 즉 회사에서 실행할 시행안의 출발점은 주니어들이 조사한 자료와 데이터, 사내 의견 등이다. 그런데 만일 주니어가 조사한 자료가 수치도 정확하지 않고 사내 입소문에 근거한 뒷담화를 통해 파악한 것이라면 어떨까? 첫 단추인 자료나 데이터의 신뢰성이 현저히 낮다면 쓸 만한 개선방향과 대안이 나올 수 없고, 실행방안으로 선택될 것도 없어진다. 당연히 재작업이 이어질 수밖에 없다.

그래서 주니어의 주된 업무인 자료와 데이터 수집은 매우 중요하다. 여러분이 수집 및 조사한 자료는 의사결정의 기초로 쓰이기 때문에 선배들이 자료의 정확도 등을 매우 집요하게 물어보는 것이다. "이 자료 출처가 어디야? 업데이트된 날짜는 언제야? 경쟁사 현황과 데이터도 확인한 거야? 우리 내부 자료는 경영관리팀이나 재무팀에서 확인한 거야?" 등등 자료 검증을 위한 수많은 질문이 쏟아진다. 어느 주니어는 하도 꼬치꼬치 물어서 회사가 아니라 취조당하는 경찰서인 줄 알았다는 농담을 던지기도 했다.

출처를 꼼꼼히 챙기는 선배들도 여러분처럼 일의 기본기를 익히는 시기에는 자료 수집이나 조사, 데이터 수집 등의 업무부터 시작했다. 나중에 여러분이 선배가 됐을 때, 자료 및 데이터 수집 작업을 후배들에게 시키려면 제대로 알고 있어야 할 것이다. 꽤 귀찮긴 하지만 꼭 필요한 업무인 자료와 데이터 수집을 그냥 주니어들의 숙명이려니 하고 받아들이자. 그러면 어떻게 데이터를 수집하고 자료를 정리해야 효율적일까?

데이터를 찾아서

보고서를 쓰든 기획서를 쓰든, 필요한 자료는 3가지로 구분해 수집하라. 우선, 내부 자료다. 즉 회사에서 기존에 해왔던 업무에 관한 자료다. 다음은, 동종업계의 타사 자료다. 끝으로 다른 업종에 속해 있지만 해당 주제에 대해 일가견이 있는 회사의 자료다. 정리하면, 내부 자료, 동종업계 회사, 해당 주제에서 최고인 회사의 순으로 수집하고 정리한다.

먼저, 내부 자료 찾기다. 이는 기본 중 기본이다. 회사의 업무는 대부분 연속성이 있다. 보고서를 쓰는 선배들이나 보고를 받는 경영진, 임원들은 대개 과거 진행했던 업무를 대략 기억하고 있기 때문에 정확한 현황(실적이나 실행 결과 등) 등으로 현재까지의 흐름과 이전의 이슈를 재확인하려 한다. 따라서 자료 수집의 첫 번째는 무조건 내부 자료를 찾고 정리하는 것이다.

예를 보자. 유통업에 속한 A사의 영업기획팀에서 내년도 사업계획을 작성한다고 가정하자. 이 경우, 팀장들이 여러분에게 시킬 것으로 예상되는 자료 및 데이터 수집은 뭐가 있을까? 당연히 올해의 영업실적 현황이다. 그리고 가능하면 최근 3년간 영업실적 추이도 있으면 좋다(모든 회사에서 최근 추이를 보는 것은 중요하다. 그러니 주니어들은 숫자나 데이터를 수집하거나 볼 때 최근 3년의 데이터를 보겠다는 마음을 항상 갖고 있기를 권장한다). 그리고 그 영업실적의 달성을 위해 추진했던 영업 관련 활동들의 자료도 요구될 것이다. 즉 영업을 위한 타깃 고객층을 어떻게 발굴했는지, 고객의 니즈를 어떻게 파악했는지, 영업채널을 확대한 것인지 아니면 기존 채널에 상품을 확대한 것인지, 영업방식을 바꾼 것인지 등의 자료와 내용도 확인해야 한다.

그런데 문제는 이런 자료가 모두 우리 영업기획팀에 있는 건 아니라는 점이다. 그래서 주니어가 수행하기에 쉽지 않을 수 있다. 일단, 회사 내부 자료를 찾을 때는 로직 트리(Logic Tree) 중 개념을 정리할 때 유용한 왓트리(What Tree) 개념을 활용한다. 낯선 용어에 놀라지 말자. 하나씩 설명 들어간다.

수집이 필요한 자료를 우리 팀에 있는 것과 없는 것으로 구분하자. 먼저, 우리 팀에 있는 자료가 무엇인지 확인하고 그 자료들이 어디에 있는지 파악해서 최근 3년 치 데이터를 찾으면 된다. 이것은 보통 회사의 그룹웨어 DW(Data Warehouse)에 있을 수도 있고 우리 팀 담당자 PC의 엑셀파일에 있을 수도 있고 각 회사마다 다르다. 문제는, 없는 경우도 있다는 것이다. 이럴 땐 뭐 방법이 없다. 이런 상황에서 대처법은 최대한 빨리 팀장이나 선배에게 보고해 자료가 없다는 사실을 알리는 것이다. 사내 데이터가 없다면 그 숫자나 데이터(결정적인 항목이 아니라면)는 대안이나 원인 파악에서 제외시킨다.

다음은, 사내에는 있지만 우리 팀에 없는 자료의 경우다. 이때는 필요한 자료와 내용이 어느 부서에 있는지 확인하고 그 부서에 관련 자료를 요청해야 한다. 그런데 문제는 주니어인 여러분은 대체로 어느 팀에 어떤 자료가 있는지 잘 모른다는 점이다. 이 경우 우선 필요한 자료와 데이터 내용을 확인하고 자신의 직속선배에게 해당 자료가 어느 부서의 담당자에게 있는지 물어본다. 여기서 주의할 점이 있다. 질문의 대상이 일을 시킨 상사나 팀장이 아닌 직속선배여야 한다는 것이다. 업무를 지시한 팀장에게 물어볼 경우 잔소리가 비처럼 쏟아질 수 있다. 하지만 직속선배는 "고생하네"라는 말과 함께('니가 나 다음이구나'라는 의미로) 너그러운 표정을 지으며 데이터를 어디서 찾아야 하는지 알려줄 것이다.

여기서 끝이 아니다. 필요한 자료가 다른 팀에 있는 것을 알았다 하더라도 업무협조가 원활하지 않은 경우가 꽤 있기 때문에 자료협조를 못 받을 수도 있다. 이런 경우를 대비해 데이터 출처를 묻는 동시에 직속선배에게 도움을 요청한다. 그러면 선배들은 그 자료나 내용을 자신의 포지션 파워를 이용해 받아주거나 공식적인 업무협조 요청을 통해 여러분이 자료를 찾을 수 있게 도와줄 것이다.

다음은 동종업계 다른 회사 자료나 해당 주제에 일가견이 있는 타 업계 회사의 데이터 찾기다. 주니어들이 자료 수집에서 큰 난항을 겪는 지점이 바로 여기다. 이건 주니어가 하기엔 쉽지 않다. 하지만 어쩌겠는가? 데이터 서칭 지시는 늘 있어왔고 지금도 그러하고 앞으로도 있을 것이다. 그러면 주니어가 외부 자료를 최대한 찾아낼 수 있는 방법은 무엇일까?

회사 외부의 데이터는 두 가지로 구분한다. 찾으면 찾을 수 있는 것과 찾아도 찾을 수 없는 것, 두 가지다. 먼저, 찾으면 찾을 수 있는 데이터는 일반적인 방법으로 찾는다. 가장 먼저 무엇을 할까? 그렇다. 바로 인터넷 검색이다. 아마도 네이버나 구글 등의 포털사이트를 열고, 찾고자 하는 회사명과 주제를 입력해 검색하고, 검색된 여러 자료(뉴스, 블로그, 지식인 등등)를 스크롤해가며 열고 읽다가 아니다 싶어서 닫고, 또 다른 자료를 열고 읽고 아니다 싶어서 또 닫고… 이 행동을 꽤 반복할 것이다. 잘 알겠지만 인터넷 검색을 통한 자료나 데이터의 수집은 한계가 있다. 내용의 깊이도 그렇고, 같은 내용의 기사들이 반복되기도 하기 때문이다.

그렇지만 인터넷 검색은 외부 자료 수집의 필수적 과정이다. 해당 주제에 대한 최근 트렌드와 현황을 알 수 있기 때문이다. 컨설팅 경험에 비춰보면, 인터넷 검색에 있어 문서 검색은 구글이, 기사 검색은 네이버가 상대적으로 더 효과적이다(특정 포털사이트를 홍보하려는 의도는 전혀 없으니 오해 마시길). 추가로 요즘엔 유튜브에서도 꽤 신뢰도 높은 자료를 찾을 수 있다. 유튜브에는 관련 분야의 전문가들(소속이 명확하거나 이미 유명한 사람들)이 설명하는 이론과 타사 사례도 많고, 특정 기업에서 자체적으로 올려놓은 자료도 많으니 시간을 들여 찾아보면 꽤 양질의 자료를 얻을 수 있다.

단, 반드시 명심해야 할 것은 찾아낸 자료들의 출처를 명확히 해야 한다는 점이다. "김 사원, 이 자료 어디서 찾았어? 출처가 어디야?"라고 팀장이 물어볼 때, "아, 네! 구글에서 찾았습니다" 혹은 "그거 유튜브에서 본 건데요"라고 말해버리면 그 즉시 엄청나게 깨진다. 구글이나 유튜브에서 찾은 자료라도 그 내용의 정확한 출처를 얘기해야 한다. 예를 들어 "○월 ○일자 ○○신문에 실린 내용입니다"라든지 "△△컨퍼런스에서 ○○○교수가 발제한 내용에서 요약한 자료입니다"라고 말이다. 상사가 물어보기 전에 보고 시 자료 하단에 표기하거나 미리 얘기하는 게 좋다. 여기까지는 여러분들도 잘 알고 이미 하고 있으리라 생각한다. 그런데 의외로 인터넷 검색까지만 하는 주니어들도 많다.

이 책을 읽는 주니어들은 여기서 한 걸음 더 들어가자. 그러면 꽤 괜찮은 능력자로 포지셔닝할 수 있다. 조사할 때 찾아도 알 수

없는 경쟁사나 타사의 자료까지 찾는 것이다. 즉 인터넷을 아무리 검색해봐도 나오지 않는 자료나 데이터를 최대한 찾고 조사해보라는 의미다. 어떻게 하면 될까?

자신의 인적 네트워크를 최대한 활용한다. 즉 휴민트의 활용이다. 휴민트(HUMINT)는 '사람'을 뜻하는 영어단어 '휴먼(Human)'과 '정보' 또는 '첩보'를 뜻하는 '인텔리전스(Intelligence)'의 합성

어다. 위키백과에 따르면 인적 네트워크를 통해 얻은 정보 혹은 이런 정보를 취득하는 정보원이나 인적 네트워크를 의미한다. 다시 말해 여러분 주변의 선배들이나 친구들을 활용하는 것이다. 그들이 동종업계에 있건 아니건 간에 말이다. 만일 동종업계의 유사 직무에 선배나 친구들이 있으면 그냥 물으면 된다. 그들도 다 알지는 못하겠지만, 대략 알고 있는 부분이라도 키워드와 내용을 알려 달라고 부탁해보라. 그들도 듣고 보는 것이 있기에 몇 개의 키워드와 내용은 말해줄 것이다. 휴민트를 통해 얻은 내용을 정리하면 조사 대상 회사의 내부 자료가 된다. 출처는 해당 회사의 내부 인력 인터뷰 정도 되겠다.

만일 인맥이 다소 빈약해 동종업계나 유사 직무에 지인이 없다면, 그나마 제일 유사한 업계나 직무에 근무하는 지인에게 연락해 알아봐 달라고 부탁한다. 그들이 모르면 다른 사람에게 물어봐서 알아봐 줄 수 있다. 물론 이런 방법도 여러분이 꽤 알고 있는 사항이다. 그런데 이걸 안 한다. 그렇게 해봤자 얻고자 하는 자료나 데이터를 확보하기 어렵다고 생각하기 때문이다. 그래서 아예 시도조차 하지 않는다.

조금만 따져보자. 안 해서 못 얻는 것과 했는데 못 얻는 것의 차이는 자신의 평판에 큰 차이를 만든다. 만약 무언가 시도를 했는데도 인터넷 검색 이외에 더 많은 자료를 얻지 못했다면? 어쩌겠는가. 상관없다. 시도했는데도 안 되었다면 할 수 없다. 안 되는 건 안 되는 것이다.

대신 상사에게 보고할 때는 반드시 이렇게 얘기한다. "팀장님, 제가 추가자료 확보를 위해 B회사와 C회사, D회사 다니는 지인들에게 확인했는데 제 인맥으로는 궁금해하실 부분까지 확인하기 어려웠습니다. 가능하시면 팀장님의 지인을 통해 그 회사들의 자료를 확인해보시면 어떨까요?" 더 구체적인 자료나 데이터 확보를 위해 노력했다는 것도 의미 있는 일이고, 더 나아가 여러분의 상사가 더 상위직급의 인맥을 활용해 자료를 얻어야겠다는 판단을 내린다면 훌륭한 결론이다. 정리하면, 여러분은 자신의 수준에 맞는 인맥과 지인을 활용해 경쟁사나 타사의 자료와 데이터를 찾고자 노력했다는 것을 확실히 보여만 줘도 충분하다. 물론 그 자료나 데이터를 실제로 확보해 보고한다면 더 좋다는 건 두말하면 잔소리고.

숫자만 많으면 데이터? 데이터는 의사결정의 재료다

날것으로 줘서 환영받는 건 생선회밖에 없다. 자료 조사 업무지시에 날것인 로우데이터(raw data, 원자료)를 보고하는 일은 반드시 피해야 한다. 숫자든 사례든 조사한 내용을 정리하지 않고 '그대~로' 들고 가서 "여기 있습니다" 하는 순간 '강아지박살'난다(책이라 순화시켰다, 이해 바란다). 그러면 조사한 데이터나 자료는 어떻게 보고할까?

회사 내부의 데이터와 자료는 대부분 마이크로소프트사의 엑셀(이하 엑셀)파일로 정리된다. 회사의 데이터웨어하우스(Data Warehouse)에서 내려받건, 담당자에게 요청해서 전달받든 대부분 데이터는 엑셀 형식이다. 엑셀 자료는 기초적인 로우데이터다. 가공이 필요하다. 상사에게 업무지시를 받고 분석이 필요한 로우데이터를 확보했다면, 그다음으로 자료를 분석하고 시사점을 정리해 보고해야 한다.

당신이 인사팀 주니어라고 치자. 인사팀장으로부터 최근 3년의 인센티브 지급현황 자료를 조사해 오라는 지시를 받았다. 그러면 당신은 인적자원관리시스템(e-HR)에 들어가서 현황을 다운로드받거나 급여담당자에게 현황을 달라고 한다. 그렇게 확보한 자료는 다 엑셀로 되어 있다. 숫자가 가득하다. 그 엑셀파일을 출력해서 그대로 팀장에게 보고할 것인가? 그러지 말기를 바란다. 그렇게 하면 부끄러움은 보는 사람의 몫이 된다. 당연히 그러면 안 된다. 인원별 인센티브 지급현황 자료를 정리해서 직급별 혹은 직무별로 구분해 인센티브 증감 추이, 1인당 지급현황 등으로 분석한 내용을 보고하는 것이 정상이다.

그런데 자료 분석을 제대로 하려면 그 전에 해야 할 게 하나 있다. 팀장이 업무를 지시한 이유를 확인해야 한다. 그러지 않으면 쓸데없는 것까지 분석했다는 소리를 듣게 되거나, 팀장이 정작 필요로 하는 자료가 아닐 수 있다. 따라서 자료 조사 업무를 지시받으면 반드시 먼저 어디에 쓸 것인지, 어떻게 드리면 되는지 등 그 목적과 활용방향을 물어봐야 한다. 그리고 목적과 활용방향에 맞는 분석 자료를 주고, 확보한 로우데이터는 첨부인 백업(back up) 자료로 준다. 다시 말하지만, 자료나 데이터 조사를 지시받으면 반드시 먼저 '그 자료나 데이터가 왜 필요한지' 확인하라. 그래야만 여러분이 수집한 자료나 데이터 중에서 어떤 것을 취하고 어떤 것을 버릴지 판단할 수 있게 된다.

로우데이터는 요리의 재료다. 파스타의 재료와 청국장의 재료는 다르다. 마찬가지로 대안 마련을 위한 기초자료 조사와 경쟁사와의 비교를 통한 현 수준의 파악을 위한 자료 조사는 다르다. 팀장이 무엇을 보고 싶은지, 어디에 쓸지를 파악하고 로우데이터 중 선별해 분석한 후 분석 결과 데이터나 자료를 보고해야 한다.

많은 회사에서 동종업계의 회사들, 특히 경쟁사의 현황과 실적에 대한 확인과 보고는 해당 부서 관리자들이나 실무자들이 종종 겪는 어려움이자 숙제다. 그 압박감은 상상 이상이다. 그런데 경쟁사의 현황 파악은 쉽지 않다. 어떤 회사가 자기 회사의 데이터와 자료를 쉽게 경쟁사에 알려주겠는가? 예를 들어, 연봉 때문에 직원의 이직이 늘고 있다는 상황이 파악되었다면 경쟁사의 급여 현황과 연봉테이블 조사가 필요하고, 영업실적이 나빠지면 경쟁사 유사 상품의 상품구성과 매출현황 및 실적 등의 자료 조사가 필요하다. 해당 회사에 문의해 자료를 받을 수 있다면 좋겠지만 그런 자료를 쉽게 내줄 리 없다. 필자의 경험을 빌려 사례를 하나 소개하겠다. 주니어인 여러분은 이렇게까지는 하지 말라는 의미로 받아들이면 되겠다.

영업기획팀을 관리하는 A팀장의 이야기다. 이 회사는 전 부서 관리자들이 매주 계열사 대표와 함께 주간회의를 했는데(대부분의 회사가 주간회의를 '빡세게' 한다), A팀장은 매주는 아니어도 월에 한 번 정도씩 경쟁사의 유사 상품 실적 자료를 확보해 자사의 실적과 비교해 보고했다. 물론 수치가 완벽한 데이터는 아닐 수 있어도 얼추 납득이 될 수준이었다. 경쟁사와의 실적 비교가 쉬운 일이 아니기에 A팀장의 능력은 단연 돋보였다.

나중에 알고 보니, A팀장은 경쟁사의 데이터를 얻기 위해 경쟁사에 자사의 데이터를 제공하고 있었다. 비록 대외비 자료는 아니었지만 내부자가 아니면 확인이 어려운 자료가 관리자의 판단에 의해 동종사 간 교환되고 있었던 것이다. 이 사실을 알게 된 팀원들은 이렇게까지 해도 되는 것인지 다소 의아해했다고 한다. A팀장은 자체적인 판단하에 경영진에게 정확한 정보를 전달하고자 그런 일을 했던 것이지만, 만일 A팀장의 담당임원이나 회사 대표가 그 '정보교환'을 알게 된다면 그 상황을 이해해줄지 아니면 A팀장이 깨지게 될지는 알 수 없다. 여러분은 아직 이렇게 대놓고 정보교환을 할 수 있는 포지션이 아니니 이렇게까지 할 필요는 없다.

그 A팀장이 어떻게 되었는지 궁금한가? 그 회사를 꾸준히 잘 다니고 있다.

이건 챙겨서 실전에서 써먹자

데이터나 자료를 조사해 오라는 업무지시를 받았을 때

1. 경쟁사나 다른 회사의 자료가 필요하다면 지인들에게 물어봐라. 얻어야 하는 자료를 확보하지 못해도 괜찮다. 최소한 시도한 것만으로도 의미가 있다.
2. 회사 내부 데이터를 찾아서 보고해야 한다면 날것인 로우데이터를 그대로 보고하지 마라. 어디에 쓸지 확인하고, 그에 대한 자신의 의견을 최소한으로 달아서 보고하라.

업무 띵언

이 작은 일도 제대로 못하면, 어떻게 더 중요한 업무를 맡길 수 있겠니?

-어느 주니어에게 해준 잔소리

전문가 네트워크를 구축하자,
끙끙대지 말고

다음의 사례를 보자.

최 대리와 김 주임은 A은행 인사팀에서 나름 유능하다고 인정받는 실무자들이다. 그런데 핀테크 기업들의 금융업 진출로 인해 외부 경쟁상황이 치열해지고, 내부적으로도 고직급 인력이 많아 인사적체 등 여러 문제가 발생해 회사 경영에 어려움이 가중되고 있다. 이에 경영진은 인사제도를 개편할 필요성이 있을지도 모른다는 막연한 생각으로 인사담당임원에게 인력관리 개선방안을 가져오라고 지시했다.

담당임원과 인사팀은 전반적인 인력관리 개편방안 마련에 매달리기 시작한다. 하지만 인사팀장과 주요 실무자인 최 대리, 김 주임은 어디서부터 어떻게 시작해야 할지 막막하다. 인사담당임원과 인사팀장도 부분적으로는 개선한 적 있으나, 전반적인 개선은 경험이 없어 구체적인 가이드를 해주기도 어렵다. 결국 인사팀은 기존 인사제도를 일부 보완하는 정도로 경영진에게 몇 차례 보고한다. 현 제도의 리뷰 – 개선방향 토의 – 수정 및 보완. 리뷰와 보완의 사이클이 반복될수록 인사팀은 지칠 대로 지쳐간다. 거의 다 되었다고 생각할 즈음 경영진에게 대박 깨지기 시작한다. "뭐가 달라지는 거냐", "이렇게 하는 게 맞는 거냐", "경쟁사나 다른 회사들은 이런 경우에 뭘 어떻게 하느냐" 등등으로 말이다. 보고가 반복되는 와중에 뜬금없는 얘기를 듣는다.

"그런데 말이야, 이거 꼭 해야 하는 거야?"

'헐… 검토하라고 했으면서… 시켜놓고서 이제 와서 저런 말을 하다니… 내외부 경영환경이 어렵다며? 인사팀은 고민 안 하냐고 소리치며 게으른 사람들 취급했잖아. 평가에, 사업계획 수립에, 승진안 준비 등으로 가뜩이나 업무도 많은데, 중요하고 급하다고 해서 다 제껴놓고 죽어라고 했더니 이제 와서 이거 꼭 해야 하는지를 물어보면 어쩌라고? 뭘 어떻게 더 하라는 말이야?'라고 속으로만 생각한다. 법은 멀고 생계는 가까이 있으니까. 이쯤 되면 인사팀장과 최 대리, 김 주임은 완전 맛이 간다.

새로운 업무가 떨어지면, 최 대리와 김 주임 같은 사례는 일상이다. 게다가 저런 말을 들으면 엄청나게 당황스럽기 마련이다. 경영진이나 팀장은 본인이 지시해놓고도 왜 "이거 꼭 해야 해?"라고 묻는 것일까? '이거 꼭 해야 돼?'라는 질문에는 숨겨진 의도가 있다. 반드시 꼭 필요한지를 묻는 당위성이 아니라 객관적인 근거로 치밀하게 분석한 내용인지를 묻는 것이다. 바꿔 말하면, '이것저것 많이 분석해서 뭔가 방안이나 대안을 가져온 것은 알겠는데, 이게 정말 최선의 방안이야?'라는 뜻이다. 왜 이런 질문을 하는 걸까?

자신의 생각이 충분히 검증되었는지 미심쩍고 확신이 없기 때문이다. 새로운 일은 내부에 참고할 만한 경험이나 자료가 없다. 그래서 뭔가 다른 것과 비교해 자신의 생각에 확신을 얻고 싶은 것이다. 즉 새로운 업무 기획에 있어서는 외부의 정보(트렌드, 구축 방법론, 타사의 사례 등)를 확보해 의사결정에 참고하고 싶기 때문이다. 상황이 여기까지 전개되면 내부 의견과 자료만으로는 어림없다. 우리 내부 인력끼리는 안 된다. 전문가를 불러야 한다. 그런데 전문가가 누구이고 어디에 있지?

우리끼리 안 되겠네? 외부 네트워크의 활용

회사에서 새로운 무언가를 시도하라는 지시의 배경에는 최고 경영진(회장, 사장 등)이 있다. 경영진에서 실무자로 지시가 내려오는 하향식 톱다운(Top down)이다. 물론, 실무자가 회사의 발전과 성장을 위해 경영진에게 상향식으로 제안하는 보텀업(Bottom up) 방식으로 새로운 시도가 벌어지기도 한다. '그래, 그거 한번 검토해봐'라는 경우도 있다. 물론 흔하지 않다. 톱(Top)인 경영층에서 무언가를 새롭게 검토하고 기획하라는 지시는 반드시 하겠다는 의지를 갖고 시키는 것이 아니라, 시행할지 말지의 의사결정을 할 수 있는 기안을 가져오라는 지시다. 업무지시를 받아서 어쨌든 죽을힘을 다해 뭔가를 조사, 분석, 기획했는데, "이거 꼭 해야 해?"라는 얘기를 듣는다면 이걸 잊지 말아야 한다. 이 정도 상황이면 여러분 스스로 혹은 우리 회사나 부서에서 스스로 답을 찾아 보고해야 하는 범주를 벗어났음을 말이다.

이때 전문가 네트워크가 필요하다. 전문가 네트워크는 회사 내부에서 확보하기 어려운 정보나 자료에 대한 경험과 전문성을 보유한 외부 전문가와의 연결고리로, 일종의 전문가 연락망이다. 외부 전문가는 업계의 강사나 해당 분야의 경영컨설턴트, 그리고 해당 분야를 미리 경험해본 다른 회사의 실무자들이다. 외부 네트워크가 왜 필요할까? 앞서 말했다시피, 회사 내부에 갖고 있지 않은 정보나 자료를 확보하고, 직접 경험하지 못했지만 앞서 경험한 회사의 시행 시 문제점과 해결방법 등을 공유하기 위함이다. 여기서 방점은 자료가 아니라 경험에 찍혀 있다. 즉 자료 확보는 목적의 전부가 아니다. 확보한 외부 자료를 토대로 자신의 업무에 적용할 때 예상되는 문제점이나 효과 등을 보다 근거 있게 제시하는 데도 목적이 있다. 그래야만 "그래서 어쩌라고?"라는 상사의 질문에 당당하게 대답할 수 있다.

외부 네트워크는 내용의 구체성과 획득의 용이성에 따라 세 집단으로 나눌 수 있다.

획득이 용이하면서도 내용이 일반적인 정보나 자료인 트렌드를 얻을 수 있는 집단, 획득이 상대적으로 어렵고 구체적인 정보나 자료인 타사의 사례를 얻을 수 있는 집단, 그리고 획득의 용이성과 내용의 구체성이 중간 정도 되는 방법론을 얻을 수 있는 집단이다.

트렌드는 여러분이 하는 일이나 산업에 관한 시장흐름이나 업계동향 등의 정보다. 일반적인 내용은 뉴스나 기사 등을 통해 쉽게 확보할 수 있다. 아울러 좀 더 깊이 있는 자료는 경영컨설턴트, 업종별 전문 애널리스트, 외부 전문교육기관 강사 등을 통해서도 확보 가능하다.

방법론은 새로운 제도나 시스템 등을 구축하는 데 필요한 정보다. 제도나 시스템을 구축하고 운영하는 방법들로, 단계별 내용과 관련자들의 주요 역할, 관련된 문서의 내용 등이 정리된 것이다. 이런 방법론은 실행 경험이 있는 전문가들로부터 확보할 수 있다. 주로 업무별 전문 컨설턴트들이 보유하고 있다.

타사 사례는 확보하기 가장 어렵다. 컨설턴트나 강사들도 타사의 사례들은 알고 있지만, 실무 적용에서 벌어지는 다양한 문제들과 해결하는 포인트는 알지 못한다. 즉 실무 적용단계에서 볼 때 구체적인 실행을 해본 경험과 그렇지 않은 경험에서 오는 차이는 꽤 크다. 타사 사례는 해당 분야의 실무나 기획을 경험한 타사의 실무자들이 갖고 있다.

그렇다면 자신만의 전문가 네트워크를 어떻게 구축할까? 먼저, 자신이 갖고 있는 네트워크를 정리하고 구체적인 방법을 살펴보자.

다음은 자신만의 전문가 네트워크 구축현황을 정리해볼 수 있는 템플릿이다. 예시를 제시할 테니 여러분도 한번 현재의 네트워크

현황을 점검해보고 아래 템플릿을 따라 자신의 것을 만들어보자.

인사업무를 담당하는 사원을 가정해 예시의 템플릿을 구성했다. 가로축은 자신이 맡고 있는 업무의 내용이다. 예시는 인사담당이므로 채용, 성과평가, 보상/급여, 조직문화, 노무로 채웠다. 세로축은 자료나 정보를 확보할 대상인 트렌드 전문가, 방법론 전문가, 사례 전문가 등으로 구분하고 현재 정보를 공유할 수 있는 연락처로 채웠다.

전문가 네트워크 구축현황 템플릿

구분	채용	성과평가	보상/급여	조직문화	노무
트렌드 전문가		B컨설팅 유○○ 대표 (외부강의 강사) 010-2222-3333 C교육업체 이○○ 이사 (외부강의 강사) 010-3333-4444		D교육업체 송○○ 이사 (외부강의 강사) 010-6666-7777	
방법론 전문가		XY컨설팅 김○○ 이사 (학교 선배) 010-4444-5555	XY컨설팅 김○○ 이사 (학교 선배) 010-4444-5555	XY컨설팅 김○○ 이사 (학교 선배) 010-4444-5555 Z경영연구소 하○○ 팀장 010-5555-6666	E노무법인 지○○ 노무사 (선배) 010-7777-8888
사례 전문가	A사 양○○ 사원 (학교 동문) 010-1111-2222				

주니어인 여러분이 자신의 전문가 네트워크 구축현황을 정리해 보면 빈칸이 많을 것이다. 지금은 빈칸이 더 많은 것이 정상이다. 빈칸은 앞으로 채우면 된다. 주니어 때는 외부 네트워크가 그리 다양하지 않을 것이다. 한 칸씩 채워가며 전문가 네트워크를 확장해나가자.

외부 네트워크를 구축하는 3가지 방법

주니어인 여러분은 회사 내외부의 경험이 많지 않기 때문에 전문가 네트워크를 구축하기 어렵다. 하지만 언제까지고 주니어에만 머물러 있을 수는 없다. 시간이 흐르면 업무역량과 경험을 쌓아 중간관리자나 책임자 위치로 올라가게 마련이다. 시야가 넓은 관리자가 되려면 지금부터 외부 전문가들과 교류하길 권장한다. 그렇다면 주니어 때부터 외부 전문가를 알아내고 교류하며 활용하는 방법은 무엇일까? 트렌드, 방법론, 사례 전문가별로 구축 방법을 알아보자.

먼저, 트렌드를 확보할 수 있는 네트워크 구축 방법이다. 무엇보다 관련 외부 교육을 많이 찾아 들어보기를 권장한다. 대다수 기업들이 구성원의 역량개발을 굉장히 중요하게 여긴다. 교육팀, 인재개발팀 같은 교육전담부서나 담당자가 없는 회사가 없을 정도니 말이다. 회사에서 제공하는 이런 교육을 최대한 활용하거나, 보다 적극적으로 자신에 대한 투자 차원에서 사비를 들여 관련 직무 분야의 공개교육을 많이 듣는 게 좋다(한 클래스에 몇 만 원에서부터 30~40만 원 정도의 2일 코스, 3일 코스 등 많다). 이런 교육을 많이 찾아 들으면서 강의한 강사들의 명함을 수집한다. 받은 명함에는 간략히 전문분야나 강의분야 등을 메모해둔다. 이렇게 하면 나중에 업무 이슈를 간략히 상담할 수도 있고, 이슈에 대한 최신 동향을 물어볼 때도 요긴하게 쓰인다.

다음은 방법론을 확보할 수 있는 방법이다. 방법론은 트렌드 확보보다 다소 어렵다. 가능하면 회사에서 실시하는 업무개선, 시스템 구축 등의 프로젝트에 테스크포스(TF) 멤버로 적극 참여하길 권장한다. 프로젝트에 참여하면 외부 컨설턴트들과 수시로 논의하고 협업하며 노하우를 배울 수 있다. 많은 논의와 협업 중에 컨설턴트들의 방법론을 어깨너머로 익힐 수 있다. 아울러 프로젝트가 끝난 후에도 컨설턴트들과 회사의 현황과 이슈 등을 공유하고,

그들이 지금은 어느 회사의 프로젝트를 하고 있는지, 새로운 방법론은 뭐가 있는지 등을 물어보자. 특별히 연락할 사안이 없어도 말이다. 훗날 여러분이 관리자가 되거나 외부 정보가 필요할 때, 프로젝트에 함께했던 그들이 여러분의 외부 전문가 네트워크가 된다.

끝으로 사례에 대한 정보를 확인할 수 있는 네트워크 구축 방법이다. 먼저, 쉬운 방법은 해당 분야의 온라인 커뮤니티 활동이다. 인사분야, 마케팅, 기획, IT 등 온라인 커뮤니티가 활성화되어 있는 직무분야가 꽤 많다. 분야별 커뮤니티에 가입하면 여러분의 고민을 털어놓을 수도 있고 타사 실무자들이 어떻게 업무를 하는지에 대한 정보도 굉장히 쉽게 얻을 수 있다. 물론 대외비 정보는 구체적으로 알기 어렵다. 그러니 네트워크를 좀 더 넓혀보자. 일반적으로 동종업계의 동일 직무끼리는 일종의 사조직, 개별 모임이 형성되게 마련이다. 일례로 동종업계의 인사담당자 모임, 영업기획 실무자 모임, 마케터 모임 등등이 있다. 그런데 이런 사조직, 개별 모임은 찾기도 어렵고 합류는 더 어렵다. 그러니 새 인맥을 만들자. 어떻게? 의도적으로 인연을 만들자. 인연을 만들어야 인맥이 된다.

먼저, 해당 업종의 같은 부서 담당자들에게 연락을 취해 안면을 트자. 우선 알고자 하는 회사의 대표번호로 전화를 걸어 담당자를 찾는다. 누군진 몰라도 통화가 연결되면, "우리 회사에 이러저러한 이슈가 있는데, 니네 회사는 그 이슈를 해결한 것 같더라. 너는 어떻게 한 거니?"라고 물어본다. 당연히 알려주지 않는다. 그래도 성과는 있다. 어쨌든 안면은 텄으니. 이후 몇 번 더 시도한다. 그러면 상대도 같은 처지라 최소한의 내용은 알려준다. 이렇게 안면 트기 – 반복 시도 – 정보 확보 식으로 동종업계의 사례 인맥을 넓힌다.

한 걸음 더 나아가 다른 업종의 선도기업에서 일하는 실무자들과도 안면을 트자. 당장 눈에 띄는 성과가 없을 수도 있다. 그래도 분명 시도하지 않는 것보다 백 퍼센트 낫다. 열 개 회사에 시도해서 한 번만 성공해도 여러분의 업무에 도움이 될 인맥 한 명을 확보할 수 있나. '까이는' 게 두렵고 거절이 '쪽팔리다'는 이유로 아무것도 안 하면 아무 일도 벌어지지 않는다.

위 세 가지 방법을 한 번에 다 사용하라는 건 아니다. 우선적으로 활용할 수 있는 것을 시도해보자. 그리고 기회가 있을 때 3가지 방법을 종합적으로 활용하길 권한다. 시도한 주니어와 시도하지 않은 주니어는 2~3년 후 분명 그 내공과 실력에서 차이가 상당할 것이다. 필자들이 장담한다. 어제보다 나아지고 스스로 실력을 갖춰 인정받는 주니어가 되자.

이건 챙겨서 실전에서 써먹자

외부 전문가 네트워크를 구축해놓자, 동기들보다 먼저.

1. 해당 분야의 트렌드 정보를 확인하기 위해서는, 가급적 많은 외부 교육에 참석하자. 강의를 듣고 강사의 명함을 받아서, 전문분야를 기록해두고 갖고 있어라. 나중에 연락할 만한 사람이 꼭 있다.
2. 방법론을 알고 싶을 때는, 사내 프로젝트에 꼭 참여해보자. 컨설턴트와 토론하고 협업하면서 그들의 방법론을 내 것으로 만들도록 노력하자. 프로젝트가 끝나도 그들은 소중한 인맥이 된다.
3. 다른 회사의 실무자들을 내 인맥으로 만들어보자.

업무 띵언

산이 오지 않으면 내가 산으로 가겠다. 상대편이 오지 않을 경우
내가 그에게로 가면 되는 것이다.

-마호메트

'제 생각에는요'의 함정

다음은 여러분이 회사에서 흔히 접할 수 있는 대화들이다.

#대화 하나

박 대리: 팀장님, 이번 7월에 영업 목표달성률이 큰 폭으로 상승했습니다. 월간회의 하실 때 어깨 좀 펴실 수 있겠는데요?

이 팀장: 큰 폭? 얼마나 초과 달성했길래 그래?

박 대리: 네, 그게… 매출액은 약 XX억으로 초과 달성률은 10% 정도 됩니다.

이 팀장: 지난 상반기 월평균 목표달성률이 8% 정도 아니었나? 상반기 평균과 비교해서 큰 차이 없어 보이는데, 큰 폭으로 상승했다고 말하는 이유가 뭐지?

박 대리: …

#대화 둘

김 팀장: 의견들 없어? 무슨 말이라도 해야 아이디어가 나오든 말든 할
거 아냐?

최 주임: 팀장님, 그러면… XXXX 이런 거 해보면 어떨까요? 국내·외
많은 회사들이 도입하고 있다는데요….

김 팀장: 그래? 아이템은 좋은 거 같네. 그래, 어느 회사들이 하고 있
지?

최 주임: 어… 그게… 기사에서 보긴 봤는데….

#대화 셋

김 과장: 팀장님, 이번에 정기인사에서 승진을 많이 시킨다는 얘기가
있답니다. 특히 팀장님들 중에서 평가 좋은 분들은 임원발탁
을 좀 많이 한다는 얘기도 있고요. 팀장님도 잘하면 임원이 되
실 수도 있겠습니다!

박 팀장: 그래? 누구한테 들었어?

김 과장: 네, ○○팀 최 과장에게 들었습니다.

박 팀장: 최 과장은 누구한테 들었대? 인사팀에서 그런 얘기를 할 리는
없을 텐데….

김 과장: 최 과장 말로는, 그런 소문이 어제부터 회사에 쫙 퍼졌다고….

박 팀장: 아니, 그러니까 누구한테서 들었다고 하냐고?

김 과장: 그게… 그건 잘….

회사에서 직장인들은 수많은 대화를 주고받는다. 주로 업무에 한정되어 있긴 하지만 말이다. 주니어인 여러분이 회사나 조직에서 상사들과 하는 대화는 보고, 의견제시, 정보제공 세 가지밖에 없다. 사적인 대화(주말에 뭐 했니? 차 바꿨다며? 이사 잘 했어? 등등)는 제외하고 말이다.

그건 니 생각이고

앞에 사례로 든 대화는 보고, 의견제시, 정보제공의 예시다. 세 대화의 공통점은 무엇일까? 어떤 내용에 대한 '근거'를 명확하게 대지 못했다는 점이다. 근거란 '어떤 일이나 의논, 의견에 대한 그 근본이 되는 것 또는 그런 까닭'이다. 즉 근거는 이유다. 자신의 의견, 주장, 정보 등에 근거를 명확하게 대지 못하면 "그렇게 얘기하는 이유가 뭐야?"라는 얘기를 듣게 되어 있고, 여기서 우물쭈물하면 "그건 그냥 니 생각이잖아"라는 핀잔이 돌아온다. 이런 상황이 몇 번 쌓이면 신뢰성이 떨어진다.

여러분의 의견이나 주장, 보고에 대한 이유가 없거나 비교 대상 없이 얘기하거나 대략적인 추정(어디서 본 건데… 어디서 들은 건데…)으로는 상사를 설득할 수 없다. 상사는 여러분의 아이디어나 생각을 그냥 확신하거나 받아들이지 않는다. 근거가 있어야 한다. 근거가 나를 살린다. 자, 그럼 객관적인 근거를 갖출 수 있는 방법을 살펴보자.

숫자로 얘기하되 단순화가 핵심이다

일 좀 하는 주니어들은 데이터와 숫자의 힘을 안다. 그래서 대부분 숫자를 근거로 들어 보고를 한다(말이든 보고서든). 여기서 하나 더 강조한다. 숫자는 비교하면 더 좋다. 예를 들어보자.

"팀장님, 이번 달 실적이 많이 좋아졌습니다", "크게 향상됐습니다", "괄목할 만한 성장을 보였습니다", "큰 폭으로 개선되고 있습니다"에서 밑줄 친 아름다운(?) 형용사나 부사보다는 숫자로 보고하는 게 좋다.

"팀장님, 이번 달 실적이 지난 달 대비 8% 증가했습니다", "매출 실적이 목표보다 2억 초과 달성되었습니다", "지난 달 시스템 오류율은 0.3%로 확인되었습니다"처럼 말이다. 숫자에 기반한 보고는 바람직하다. 여기서 한 걸음 더 나아가자. 비교하자. 상사들은 그 숫자가 어느 정도인지 구체적으로 알고 싶어하기 때문이다.

다시 예를 들어보자. "팀장님, 이번 달 실적이 지난 달 대비 8% 증가했습니다." 만일 이렇게 보고했다면, 여러분의 상사는 "잘했네. 알겠다"라고 대답할까? 절대 아니다. 보고는 추가 질문으로 이어진다. "그래? 지난 달 실적증감률은 어땠지?", "전년도 동월 대비해서는 어떤 수준이지?", "상반기 평균 증감률과 비교해보면 어떤 수준이야?", "경쟁사인 A사 실적 확인했나? 걔네하고 비교하면 어느 수준이지?" 등으로 말이다. 상사와 길게 대화하고 싶다면 그래도 된다. 하지만 일 좀 한다는 소리를 들으려면 다르게 보고해야 한다. 깔끔하게 보고하려면 상하로 뜯어보고, 전후로 비교하고, 좌우로 분석해서 찾아낸 숫자들로 보고해야 한다.

"팀장님, 이번 달 실적이 지난 달 대비 8% 증가했습니다. 지난 달의 증감률 3%, 상반기 평균 증감률 2%, 작년 동월 증감률 1%와 비교했을 때 각각 5%포인트, 6%포인트, 7%포인트 향상된 수준입니다. 향상된 원인은 이런저런 것을 잘 실행했기 때문으로 파악됩니다. 다만, A사의 실적이 전월 대비 11% 상승한 것을 확인했는데, 그걸로 봐서는 전체적인 시장상황의 개선도 실적 향상에 영향을 준 것으로 보입니다." 이런 식이다.

그러면 팀장은 '아, 전반적으로 실적이 좋아진 건 맞네. 그런데 이게 우리가 영업을 잘한 것도 있겠지만 시장상황이 좋아진 영향이 더 클 수도 있겠군. 특히 A사 대비해서는 잘한 게 아니니 뭐가 부족한지 파악해봐야겠어'라는 생각과 더불어 향후 계획을 구상할 수 있다. 그리고 보고자를 보며 '꼼꼼하게 준비했네. 일 좀 하는 군'이라고 생각한다.

숫자를 근거로 보고하는 건 정말 잘하는 것이다. 한 발만 더 나가자. 전월이나 전년 동기 등의 시간적 비교, 경쟁사나 동종업계 등과의 공간적 비교, 직속상사와 상사의 상사가 궁금해할 질문들을 비교하는 역할적 비교 등 비교할 수 있는 영역을 고려해서 가능한 한 숫자들로 보고하자. 보고는 단순화가 핵심이고, 단순화는 숫자다.

숫자가 없을 때는 사례로 얘기하자

모든 보고나 의견에서 근거가 전부 숫자일 수는 없다. 특히 회의할 때나 아이디어가 필요한 업무의 초기 단계, 제도 등을 기획하는 스태프부서에서는 숫자로 얘기할 수 없는 일들이 꽤 있다. 이때 여러분의 의견, 주장 등을 제시할 때의 근거는 '사례'에서 찾자. 사례는 벤치마킹의 결과라고 생각하면 된다. 디테일한 사례 수집은 꽤 어려울 수 있다. 벤치마킹을 하고자 하는 회사에 지인이 있지 않다면 말이다. 대신 신문의 경제기사를 자주 찾아보면 꽤 많은 정보를 얻을 수 있고, 요즘엔 특히 유튜브를 통해서도 업무와 관련해 비교적 검증된 정보와 사례를 얻을 수 있다.

사례가 완벽히 정확하고 디테일하기란 힘들다. 그 이유는 현장에 있지 않는 한 꼼꼼히 알 수 없고, 사례를 확보하기 위해 너무 많은 노력과 시간을 소요하면 시간낭비가 지나칠 수 있기 때문이다. 따라서 사례는 해당 회사가 어디인지, 벤치마킹의 대략적인 내용 등 정확한 출처와 사실만 갖춰도 된다. ·

예를 들어보겠다. 직원들의 업무 생산성을 높일 방안에 대한 회의가 진행 중이라고 하자. 처음에는 다들 묵언수행을 하다가 팀장의 호통에 못 이겨 하나둘 얘기를 꺼낸다. 여러분도 한마디 할 차례다. 여러분은 사무실의 물리적 환경을 바꿔보자는 의견을 제시한다. "왜 그렇게 생각해?"라는 팀장의 질문이 돌아온다. 여러분은 여기서 사무실 환경변화와 업무 생산성의 상관관계를 분석한 연구논문의 성과를 말할 순 없다. 그런 연구 자료를 찾는 데는 시간이 많이 걸린다. 이때 타사 사례를 제시한다. 그런데 누구나 다 아는 구글, 페이스북, 넷플릭스, 네이버 같은 회사의 얘기는 하고 싶지 않다. 남들도 다 아는 걸 얘기하긴 창피하다. 그래서 평소 기사에서 봐둔 내용을 대략 얘기한다(다음 얘기는 2017년 6월 5일자 한국경제TV 뉴스에서 발췌한 실제 내용임을 밝힌다).

"A유통사는 외근직원들의 비중이 많아서 사무실 공간을 완전히 바꿨습니다. 내근직원 자리에도 같이 적용을 했는데요, 파티션을 없애고 이동식 책상을 들여와서 자리 이동을 쉽게 할 수 있게 하고, 수시로 대화와 커뮤니케이션을 할 수 있게 했고요, 원래 분리되어 있던 여러 사무실 벽을 다 트면 큰 회의실로도 이용할 수 있게 트랜스포밍 오피스를 구현했습니다. 그 결과 업무성과와 직원 만족도가 30% 높아졌다고 합니다. 이 얘기는 며칠 전에 한국경제 TV 뉴스에서 제가 확인한 내용입니다." 이렇게 얘기하면 좋다.

새로운 사례나 아이템을 찾는 게 쉽지는 않다. 일상의 업무가 많으니까 말이다. 그래서 평소 비교적 많은 새로운 정보를 눈으로라도 보는 습관인 '눈팅'도 좋다. 요즘에는 검색엔진에 키워드를 묶어두면 알아서 탐색하고 분류하는 서비스도 많다. 눈팅은 주로 포털의 경제뉴스를 살펴보면 된다. 여러분이 하고 있는 직무(기획, 인사, 영업, 마케팅, 생산, 연구, 시스템개발 등)나 혹은 여러분 회사 산업군(금융, 유통, 건설, IT, 이커머스, 제조 등)에 대한 뉴스기사를 수시로 눈팅하자. 출퇴근할 때 모바일 게임이나 드라마를 보는 것도 좋겠지만, 기왕이면 포털 뉴스의 경제란을 보자. 그냥 쭈욱쭈욱 훑어보다가 보관해야겠다 싶은 경제기사는 자신의 카톡에 저축해놓자. 저축한 경제기사는 나중에 보고나 의견제시의 양념이나 근거로 활용할 수 있다.

'카더라' 통신은 들어도 전달하지 마라

여기서 말할 것은 주의사항이다. '카더라' 통신은 절대 여러분의 입으로 다른 사람에게 옮기지 마시라.

회사에는 확인이 거의 불가능한 카더라 통신이 정말 많다. 카더라 통신은 대부분 부정적인 소식이다. 회사가 구조조정을 한다는 둥, 모 임원이 정치싸움에 밀려 퇴사했다는 둥, 모 부서에서 직원 간 물리적 싸움이 있었다는 둥, 누가 거래처로부터 금품수수를 했다는 둥 여러분의 호기심을 마구 자극할 만한 것들이 주로 카더라 통신으로 전해진다. 물론, 결정되지 않은 비교적 긍정적인 주요 정책(연봉을 올려주네, 성과급 규모를 늘리네, 부서를 신설하네, 신사업에

진출하네 등)에 대한 얘기도 카더라 통신으로 전해진다.

이런 얘기를 들으면 일단 호기심이 생긴다. 나와 상관은 없으면서 남들에게 안 좋은 얘기는 더욱 그렇다(여러분이 그렇다는 게 아니라 사람 심리가 그렇다는 얘기니 오해 마시고). 이쯤에서 여러분은 확인 차원에서나 혹은 정보제공 차원에서 선배나 팀장에게 얘기를 하고 싶은 생각이 든다. 이런 생각이 드는 이유는, 상사가 모르는 정보를 제공함으로써 동질감을 형성하고 싶고, 남들이 안 해주는 얘기를 나만 해줌으로써 상사의 정보통(?)이 될 수 있다는 착각을 하기 때문이다. 여러분은 절대 그러면 안 된다. 이유를 두 가지 말씀드리겠다.

먼저, 상사들은 여러분보다 더 정확한 정보를 입수한다. 회사에는 주니어들의 수가 많기 때문에 여러분은 주변 동료로부터 많은 얘기를 들을 수 있겠지만, 선배들은 많은 정보 대신 정확한 정보를 더 잘 알고 있다. 여러분이 전하는 정보가 자극적인데 정확하지 않다면 "누구한테 들었어? 확실한 거야?" 하는 얘기만 듣는다.

다음은, 오해를 산다. 이게 최악이다. 회사에서 쓰는 통속적인 말 중에 '빨대'라는 말이 있다. 빨대란 보통 윗사람에게 아래 직원들의 동향이나 분위기 등을 가감 없이 전달하는 소위 '프락치'를 칭하는 단어다(윗사람들이 빨대를 심어놓는 경우도 있고, 아랫사람이 자발적으로 빨대가 되는 경우도 있다). 카더라 통신을 선배에게 과하게 얘기하면 우선 선배가 오해한다. '왜 시키지도 않았는데 쓸데없는 얘기를 이리도 하나???' 이렇게 생각하며 이른바 '나한테 오버하네'라는 생각을 갖게 된다. 동료들도 오해한다. 상사에게 이런저런 얘기를 다 하는 사람을 보면 '저 친구가 빨대군'이라고 생각하고 사이도 멀어진다.

그러니 다시 한 번 강조한다. 카더라 통신은 듣고 그냥 넘겨라. 그리고 절대 다른 사람에게 전달하지 마라. 특히 선배들에게는 더욱 그러면 안 된다.

실전 꿀팁

이건 챙겨서 실전에서 써먹자

근거 없는 내 생각은 통하지 않는다. 숫자와 사례로 근거를 마련하자.

1. 상사에게는 데이터와 숫자를 근거로 설득하자. 단, 숫자로 얘기할 때는 그 숫자가 좋은 건지 안 좋은 건지 판단할 수 있는 비교 숫자가 함께 있어야 한다.
2. 숫자로 얘기하기 불가능할 때는 사례를 활용하자. 이를 위해서는 많이 봐야 한다. 뉴스 기사, 책 등을 통해 기본 지식을 쌓아놓아라.
3. 확인되지 않은 정보는 듣고 흘려버리고 다른 사람에게 절대 전하지 말자. 상사에게는 더욱.

업무 띵언

말하며 생각하지 말고, 생각 없이 말하지 말고.

-필자들

보고서를 보면
사람이 보인다

#이야기 하나

매년 10월 말이나 11월 즈음, 다음 연도 사업계획을 준비하느라 전 직원이 분주해진다. 평상시 하던 운영업무에 더해 내년도 사업계획을 준비해야 하니 말이다. 난리도 그런 난리가 없다(직·간접적으로 경험한 사람들은 알겠지만). 사업계획에는 내년 한 해 동안 이뤄질 부서의 모든 업무계획이 싹 다 담겨야 하기 때문이다(여기서 '싹 다'는 주요 사업, 사업별 추진 배경 및 목적, 사업별 구체적 실행계획, 기대효과, 평가지표, 소요예산 등이다). 그렇다고 사업계획의 보고서를 무조건 양으로 승부 걸 수도 없고, 그렇게 해서도 안 된다. 정해진 순서, 규격화된 양식에 맞춰 '말'이 아닌 '문서'로 제출해야 하기 때문이다. 보고서로 말하고, 보고서로 평가받는다.

콜센터 운영팀장이 교육팀장에게 말한다.

"교육팀장님, 우리 콜센터 직원들이 현재 이러저러한 상황으로 요래조래한 역량 강화가 필요한데요…어쩌구저쩌구… 그래서 이런저런 교육이 필요합니다. 그러니 교육 프로그램 개발과 실행을 해주세요."

교육팀장이 대답한다.

"아 네, 알겠습니다. 그런데 기획하고 품의하려면 교육의 배경이 필요하니 방금 말씀하신 내용을 〈콜센터 직원역량현황〉 뭐이런 제목의 문서로 하나 주시면 저희 담당임원께 보고하고 교육 프로그램 준비하겠습니다. 임원께 보고드리는데 얼굴 들고 가서 말로 애드리브 칠 수는 없잖아요? 어디다가 사인 받아와요?"

대화 후 콜센터 운영팀장은 〈콜센터 직원역량현황〉 문서를 보내지 않았다. 문서를 작성할 줄 몰랐던 걸까? 교육팀장은 한참을 기다리다가 운영팀장에게 문서를 달라고 몇 차례 더 얘기했지만 끝내 문서는 오지 않았다. 그리고 교육 요청도 더는 없었다. 필요하다던 교육은 시작도 못했다.

후배의 이야기다. 후배는 은행에 다녔고, 금융 공공기관을 상대로 일하는 부서의 팀장이었다. 어느 날 금융감독원에 고객민원처리 보고서를 제출해야 했고, 담당직원이 금융감독원에 제출할 양식에 맞춰 해당 보고서를 팀장인 후배에게 보고했다. 후배는 금융감독원에 제출할 보고서를 검토하다가 담당직원에게 소리쳤다.

"김 주임!!! 금융감독원에는 보고서를 제출해야 해. 라디오 방송에 구구절절한 사연 보내? 문서와 편지는 다르잖아. 그리고 도대체 이게 무슨 말이야?!! 니가 다시 한 번 읽어봐!!! 목적어는 사라지고, 주어와 서술어가 서로 맞지도 않고 말이야. 넌 이게 무슨 말인지 이해가 돼?!"

회사나 조직에서 대부분의 커뮤니케이션은 문서로 이루어진다. 그래서 일의 대부분은 문서를 작성하고, 문서를 전달하고, 문서로 마무리한다. 그게 제안서든 기획서든 품의서든 결의서든 말이다. 기획하는 부서만 보고서를 쓴다고? 착각이다. 대부분 현장은 문서에 생각을 담고, 문서로 의견을 조율하며, 문서로 의사결정을 내려서, 문서로 실행한다. 삼삼오오 모여, 끼리끼리, 이러쿵저러쿵 말하고 실행하면 문서가 필요 없다. 회사 외부의 공공기관, 고객사와 회사 간 의견의 간극을 줄이고, 자신의 업무 실수를 방지하려면 문서는 필요하다. 볼펜 하나 사고 회식을 한 번 해도 '사무용품 구매의뢰서'와 '부서 단합 품의'라는 품의서로 시작해서 전표로 마무리한다. 나아가 새로운 생각을 담고 실행하려면 기획서, 제안서는 필수다. 따라서 회사의 문서는 글을 쓰는 것을 넘어 어떤 일에 대한 계획을 정리하는 것으로서, 왜 할 것인지, 무엇을 할 것인지, 어떻게 할 것인지가 담겨 있어야 한다. 문서에는 간결한 형식과 올바른 생각이 담기기 때문에 문서를 인격이라고 말할 수 있다. 오죽하면 "장표가 곧 인격이다"라는 말이 있겠는가.

이해하기 쉬워야 진짜 보고서다

많은 주니어들이 문서작성을 어려워한다. 왜 문서작성이 힘들까? 자신이 하고 싶은 말을 어떻게 정리할지 그리고 어떻게 표현할지를 모르기 때문이다. 문서작성은 파워포인트나 워드프로세서를 잘 못 다뤄서 어려운 게 아니다(물론 마이크로소프트 오피스를 잘 다루면 보고서 쓰기가 수월할 수 있겠지만, 그건 수단일 뿐이다). 자신이 하고 싶은 말을 정리(구조화의 어려움)를 잘 못하거나 내용을 어떻게 표현할지(표현의 어려움) 몰라서 어려운 것이다. 자신의 생각이 명쾌하지 못하니 보고서에 무슨 말을 할지 모르겠고, 하고 싶은 말이 있어도 표현이 잘못되어 이해가 어려운 것이다.

여러분이 본받고 싶지 않거나 배울 게 없다고 생각되는 선배를 한번 떠올려보자(없진 않을 것이다). 그 선배가 상사에게 혼나거나 깨지는 모습을 자주 볼 텐데 잘 관찰하자, 선배가 깨지는 이유를. 깨지는 이유는 일을 못하기 때문이다. 일을 못한다는 판단은 대개 잘 못 쓴 보고서에서 시작되지만, 그 이면에는 논리적이지 못한 생각, 모호한 말들이 있다. 부실한 보고서는 상사를 설득시키지 못한다.

정리하자면, 문서작성은 자신이 할 말을 상대방(주로 상사)에게 설득하거나 설명하는 작업이다. 보고서로 상대방을 설득하거나 제대로 설명하면 "일 좀 하네"라는 소리를 듣는다. 그러지 못한다면? "다시 디벨롭핑(developing)해 오세요"라는 소리를 듣게 된다. 다시 '돌고, 돌고, 돌고'다(퇴근 30분 내외로 하얀 PPT 화면에 검은 글씨로 보고서를 쓰고 있노라면, 우리가 무슨 동양화도 아니고 돌아버린다. 제정신으로 일하기 어렵다).

닥치고 구조화

보고서를 어떻게 정리하면 될까? 생각을 구조화하면 된다. 국어사전에 따르면 구조화란 '부분적 요소나 내용이 서로 관련하여 통일된 조직을 이룸'이다. 즉 얘기의 '틀(frame)'을 만들면 된다. 틀을 구성하는 방법은 시중의 많은 책에서 얘기하고 있고 여러분도 이미 잘 알고 있을 것이다. 중요한 것은 어떤 내용을 담는가인데, 자신의 생각과 아울러 보고할 상대가 어떤 내용을 원하느냐가 중요하다. 보고서의 용도는 소통을 위한 도구로서 설명, 설득이기 때문이다. 상대가 없는 보고서는 없다. 혼자 심심해서 스스로에게 보고할까? 보고서의 구조화는 자기가 말하고 싶은 것과 상대가 원하는 내용을 틀(Frame)에 담는 것이다. 이게 핵심이다.

보고의 틀에는 기본 틀과 응용 틀이 있다. 기본 틀은 보고서 5가지 요소이고, 응용은 프렙(PREP)과 3W 1H이다. 여러분이 평소에 어떤 주제나 안건을 시행하려면 품의서를 기안해야 하는데, 이 경우는 보고서 5가지 요소를 많이 사용한다. 보고서 구성 5가지 요소는 주제(혹은 안건)의 ① 추진 배경 및 목적, ② 현황, ③ 벤치마크, ④ 이슈 및 해결방향, ⑤ 실행방안이다. 보고서 5가지 요소의 사례는 이 장의 뒷부분에서 제시하겠다.

다음은 응용편이다. 프렙(PREP)과 3W 1H이다. 프렙과 3W 1H는 설명과 설득에 효과적이다. 미시(MECE, Mutually Exclusive

Collectively Exhaustive, 상호간에 중복이 없고 전체로서 누락이 없게 만드는 것)니 로직트리(Logic Tree)니 하는 툴(Tool)은 설명에서 제외한다. 다들 잘 알고 있을 테니까 말이다.

《인류 최고의 설득술, 프렙》(김은성 저)에 따르면 프렙(PREP)은 Point, Reason, Example, Point의 조어다. 즉 하고 싶은 말을 강조(Point)하고, 그에 대한 근거·이유(Reason)를 제시하며, 이 근거·이유를 예시(Example)로 풀어준 다음, 마무리로 강조(Point)하는 것이다. 프렙은 설득할 때 유용하다. 예를 보자.

"팀장님, 이번에 베트남 수출 건은 시기를 연기하는 것이 좋겠습니다(강조, Point)."

"왜냐하면, 현재 동남아시아 전체적으로도 그렇고 특히 베트남에서 관세를 강화하는 등 교역에서의 기존 혜택을 없애고 있는 추세이기 때문입니다. 그리고 베트남 현지 유통대리점의 인력 채용이 어려워지고 있으며, 베트남 현지인들의 인건비도 상승하는 상황이라고 합니다(근거·이유, Reason)."

"그리고 현재 경쟁사인 X사도 베트남 수출 품목을 줄이면서 현지 유통대리점의 철수까지 검토하고 있으며, 실제 Y사는 유통대리점 3개 중 2개를 폐쇄했습니다(예시, Example)."

"그렇기 때문에 당분간은 국내 시장에 주력하면서 베트남 상황은 추이를 지켜본 뒤 결정하는 것이 좋을 것 같습니다(강조, Point)."

프렙에 따른 보고는 듣는 상대(상사, 팀장이나 경영진)의 관점에서 명쾌하다. 송숙희는 《150년 하버드 글쓰기 비법》(2020)에서 하버드 학생들의 글쓰는 비법을 알려준다. 오레오(OREO)다. 오레오의 구조도 의견(Opinion), 이유(Reason), 사례(Example), 의견(Opinion)이다. 프렙과 똑같다.

다음은 3W 1H이다. 3W 1H는 잘 알려진 '결론(what)-이유(why)-실행방법(how)'의 3단 전개법에 '향후계획 및 후속조치(when)'를 추가한 것이다. 3W 1H의 3단 전개법 구조는 전략컨설팅사인 맥킨지앤드컴퍼니(Mckinsey & Company)에서 사용하는 방법이다. 컨설팅사는 회사의 전략, 신사업 프로젝트 등을 조언하므로 외부 컨설팅사 입장에서는 시행의 구체적인 시점과 세부 내용을 정하기 힘들다. 그러나 회사의 담당자나 실무자들은 한 번의 보고 후 지속적인 관찰과 후속조치가 필요하다. 따라서 실무자들은 3단 전개법에 향후계획 및 후속조치(when)까지 곁들이면 보다 알찬 구성을 갖출 수 있다. 3W 1H는 주로 설명에 적합하다.

예를 들어보자. 여러분이 기획서를 장황하게 써 갔어도 여러분의 팀장은 다 읽지 않는다. 그럴 시간도 별로 없다. 그래서 이렇게 물어본다. "김 주임, 보고서 작성한 건 알겠는데 결론은 어디에 있지? 결론이 뭐야?"라고 말이다. 이때, 여러분이 결론을 얘기하지 않고 "팀장님, 그게 그 배경이 어쩌구, 필요성이 저쩌구…" 하게 되면, "아니! 김 주임!! 결론이 뭐냐고?! 그리고 보고서 어디에 들어 있냐고?!" 뭐 이런 분위기 싸한 대화가 오가게 된다.

그렇다면 어떻게 보고해야 할까? 팀장이 먼저 듣고 싶은 건 결론(what)이다. 그 결론이 팀장 생각에 괜찮다면 그다음은 이유다. "그래? 왜 그런 거지?"라는 질문에는 이유나 원인(why)을 답한다. 팀장이 원인을 들어보고 타당하다고 판단되면 다음은 방법이다. "그렇군, 이해가 되네. 그러면 어떻게 하면 되지?" 이렇게 실행방법(how)을 묻는다. 당연하지 않겠는가? 상사가 궁금한 것은 결론이고, 결론이 타당하면 왜 그런 결론을 냈는지 궁금할 것이고, 이유까지 합당하면 어떻게 하면 되는지를 묻는 것이 너무나도 자연스럽고 당연한 이야기의 흐름이다. 실행방법에 덧붙여 향후계획 또는 후속조치(when)까지 포함하면 금상첨화다. 긴급하게 실행할 것과 중장기적으로 실행할 것을 구분하거나 일정은 최소한 월 단위로 표시한다. 필요하면 주 단위로 쪼개서 표현할 수 있다.

정리하면, 보고서는 '결론 장표 1장 – 원인 장표 1~2장 – 실행방안 장표 1~2장 – 향후계획 및 후속조치 1장' 순으로 구성된다. 부가적인 설명은 무조건 첨부다. 첨부는 보고를 듣는 상대(상사, 팀장, 임원)를 고려해서 그들이 주로 하는 질문에 대한 답변 등을 미리 붙여놓으면 된다. 필자들의 경험상, 단계를 중시하는 상사가 있는가 하면, 예산을 중시하는 사람이 있고, 출처를 궁금해하는 사람도 있다. 단계, 예산, 출처 등이 보고 중간에 떡하니 끼어들면 보고가 늘어지기 때문에 지루해진다. 그래도 어떤 질문이 나올지 모르니 첨부를 준비하자. 보고를 듣는 사람도 궁금한 것이 생기면 바로 첨부를 들춰가며 볼 수 있다. 당연히 문서에는 첨부 표기가 되어 있어야 한다. 첨부만 있고 앞에 그 표기가 없으면 헛일이 된다.

어떤 상황에 어떤 방법이 어울릴까? 보고서 구성 5가지 요소를 기본으로 하되 주제나 안건에 따라 다 사용하거나 생략하거나 하면서 융통성 있게 사용하자. 만일, 자신이 작성하는 보고서의 주제나 안건이 보고를 받는 상대도 익히 잘 알고 있는 것이라면 보고서 구성 5가지 요소 중 배경, 목적, 현황 등은 필요가 없다. 즉 그것이 필요한 배경과 어떤 이유에서 하는지, 지금 어떤 현황인지 이미 알고 있다면 굳이 보고할 필요가 없다. 이때는 바로 결론으로 직행한다. 이슈 및 해결방향부터 보고한다.

이와 달리 신규 기획이나 보고받는 사람이 잘 모르는 사안이라면 주제에 대한 이해와 공감대를 형성하기 위해 배경이나 필요성, 목적 등부터 시작해 5가지 요소를 보고서에 담는다. 아울러 설득이 필요한 경우라면 프렙이 적합하고, 설명을 해야 하는 경우는 '결론(what)-이유(why)-실행방법(how)-추후계획 및 후속조치(when)' 방식이 좋다. 정리하면 보고서 구성요소 5가지를 기본으로 구조화하되 주제, 안건, 상황에 따라 프렙이나 3W 1H 등을 선택한다.

보고의 구조화는 흐름이고, 내용은 상대가 궁금해하는 것이다. 시행문이든, 설명이든, 설득이든 모든 보고의 틀은 3가지 구조화 방법을 활용하고, 내용은 상대가 궁금해하는 것을 담는다. 키워드는 가능한 한 '결론 먼저', '근거 제시', '실행방안 제시'다. 여기에서 설명한 보고 틀 외에도 다양한 틀이 있다. 자신의 일에 따라 수집해서 선택적으로 활용하길 바란다. 아무튼 구조화가 정답이다.

멱살 잡히지 않으려면, 목차를 먼저 잡아라

본격적으로 구조화를 활용해보자. 이런 상황이 있을 수 있다. 팀장이나 선배에게 "이러저러한 내용 보고서로 작성해서 가져와"라는 지시를 받았다고 치자. 여러분은 보통 무슨 행동을 가장 먼저 하는가? 문서를 작성하거나 기획할 때는 묻지도 따지지도 말고 이면지와 펜을 꺼내시라. 물론 꺼내서 책상 위에 놓기만 하면 끝나는 게 아니다. 다음은 하고 싶은 말을 펜으로 이면지에 적는다. 기획의 첫걸음은 목차 구성이다. 집을 지을 때 먼저 땅을 파는 것이 아니라 건물의 설계도를 그리고, 요리할 때 재료 사러 시장으로 냅다 달려가는 것이 아니라 레시피를 챙기고 조리 순서를 정리하는 것과 마찬가지다(목차를 구성할 때는 구조화 방법을 활용하는 것이 당연하다).

목차는 보고 내용의 스토리라인이고, 구조화된 결과물이다. 만약 목차 잡기를 거치지 않으면 문서 내용이 산으로 가고, 핵심을 벗어날 수 있다. 취준생 시절에 토론면접을 준비했다면 대략 이해할 수 있을 것이다. 토론 주제에 맞춰 자기 주장의 방향을 먼저 잡고, 하위의 근거나 사례 자료 등을 준비한다. 그리고 준비된 토론의 키워드를 중심으로 자신의 의견을 강조하며 상대를 설득시키는 단계를 연습했을 것이다. 비슷하다. 기획을 하면서 목차라는 큰 그림을 그려놓지 않으면 뜬금없는 결론에 도달하거나 핵심을 빠뜨릴 수 있다. 다시 말해 보고서를 읽은 상사에게서 "그래서 뭐 하자고? 어쩌자고?"라는 소리를 들을 수 있다. 필자들은 후배들에게 항상 강조한다. 과격하지만, "보고서 쓸 때 목차를 잡지 않고 바로 키보드에 손가락 올리면, 손가락을 확~ 그냥… 목차 먼저 잡아!"라고 말이다. 그렇다면 어떻게 목차를 구성하는 것이 좋을까?

여러분이 실전에서 활용할 수 있는 방법을 소개하겠다. 우선 A4 지를 한 장 가져온다. 실제로 가져와도 되고 머릿속으로 그려봐도 된다. A4지를 가로로 두 번, 세로로 두 번 접는다. 그러면 아래 그림과 같은 3×3 모양이 된다.

A4지의 3×3

9개의 칸에 목차를 구성하자. 9개 칸을 다 채우지 못할 수도 있고 혹은 넘칠 수도 있다. 우선 9개 칸에 목차를 구성한다. 구조화를 통해 여러분이 하고 싶은 이야기의 틀을 '결론-이유-방법'의 3단 전개나 '주장-근거-사례-주장'의 프렙으로 구성한다. 예를 들어, '고객만족도 조사를 통해 개선해야 할 사항을 정리해 보고해야 한다'고 가정해보자. 이 내용을 보고서로 작성할 경우, 3×3 형태의 A4지와 보고서 구성 5가지 요소를 활용해 목차를 잡으면 다음과 같이 구성할 수 있겠다.

목차구성의 예시

표지
목차
	1. 배경 및 목적
	  1) 고객만족도 조사의
	    배경
	  2) 조사의 목적
		2. 프로젝트 개요
		  1) 조사진행 방식
		  2) 진행경과

3. 조사 결과
  1) 조사 결과 요약
  2) 항목별 세부내용
  3) 주요 문제점 및 이슈
	4. 개선 실행방안
	  1) 이슈 종합
	  2) 이슈별 개선방향
		5. 실행계획
		  1) 개선방안 종합
		  2) 개선방안별
		    세부실행계획

6. 향후계획
  1) 실행 결과 모니터링
    계획
  2) 추가보고 일정계획
	첨부1.
	조사 결과 세부 데이터	

예시의 보고서 목차는 결론부터 시작하지 않았다. 고객만족도 조사는 일반적으로 매달 반복되는 일상적인 업무가 아니기 때문이다. 그래서 조사를 왜 했는지, 무엇을 조사했는지, 누구를 대상으로 무엇을 물어봤는지, 어떤 방식으로 조사했는지 등에 대한 배경이나 목적, 개요 등의 설명이 앞부분에 들어갔다. 이어서 조사결과의 요약, 조사 결과 나타난 주요 문제점 및 이슈를 해결하기 위한 개선방향을 하나씩 설명했다. 끝으로 추후계획에 대해 언급했다. 이런 식으로 보고서 목차를 먼저 잡고 나서 보고서를 쓰기 시작하면 된다.

목차를 잡아놓았다고 해서 그대로 보고서가 완성되지는 않는다. 목차를 잡고 나서는 상사와 리뷰한다. 초안이 70% 정도 나오면 다시 상사와 의논하고 계속 변경하고 수정한다. 여러분이 쓰는 것은 인터넷 댓글이 아닌 돈 받고 쓰는 보고서이고, 앉은 자리에서 한 번에 보고서를 작성하는 것은 드라마에나 나올 법한 이야기다. 현실에는 그런 거 없다. 목차를 잡고 문서를 작성하다 보면, 목차의 순서가 일부 바뀌기도 하고 추가되거나 삭제되기도 한다. 그게 일반적인 현상이고 현실이다. 주니어는 더 그렇다.

그럼 왜 목차를 잡을까? 목차의 밑그림에서 시작해 보고서 완성으로 이어지는 과정을 통해 스스로 수정의 횟수와 고뇌의 시간을 줄이기 위해서다. A4 용지 또는 컴퓨터 화면에 목차의 밑그림부터 그리자. 보고서를 작성하는 도중에 밑그림이 변경되는 한이 있더라도 말이다. 목차 잡기는 보고서 작성의 시간을 줄이고 내용이 정교한 보고서를 써낼 수 있는 기본적인 방법이다.

쉽고 단순하게 쓰자, 플리즈

상대가 보고서를 읽고 무슨 말인지 이해하지 못하거나 보고를 받고도 어떤 의사결정을 내리지 못한다면 보고서가 부실할 가능성이 크다(상사나 팀장이 결정장애를 갖고 있거나 고의로 의사결정을 지연하는 경우는 제외하자). 부실한 보고서는 말만 많고, 복잡하며, 화려한 수식어구로 가득하다. 보고서는 비즈니스 현장에서 쓰이는 커뮤니케이션의 도구로서, 정확하고 간결하며 읽기 쉬워야 한다. 정확하고 간결하며 읽기 쉬운 보고서를 쓰기 위해 여러분이 피해야 할 함정들을 정리했다. 물론 그 함정들을 피한다고 반드시 좋은 보고서가 나오는 건 아니지만, 최소한 "이게 뭔 소리야?"라는 상사의 핀잔은 면할 수 있다. 보고서 문장에서 피할 함정은 4가지다. 애매한 단어, 수동태의 남발, 늘어지는 만연체, 느낌을 표현하는 부사 남발이다.

먼저, 애매한 단어의 함정이다. 애매한 단어는 자신과 보고받는 사람 사이에 이해의 차이를 유발한다. 예를 들어 '직원들의 이직이 늘어나고 있습니다'라고 하면, 그 직원들이 전체 직원인지 일부 직원인지 정확하지 않다. '최근 입사 1~2년 차 직원들이 경쟁사로 이직하는 경우가 많아졌습니다'라고 보고하면 정확해진다.

다음은 수동태 남발이다. 수동태 문장은 자신감이 없어 보인다. 예를 들어 '불량률이 증가하는 경향이 발견됨'보다 직접적으로 '불량률이 증가함'이 더 낫다. '워크숍은 1월 30일에 개최될 예정'보다 '워크숍 1월 30일 개최 예정'이 명료하다.

그다음은 만연체다. 만연체는 읽는 사람으로 하여금 정신줄을 놓게 만들거나 읽고 나면 잠시 동안 멍해지게 만든다(잠시 생각해야 하는 문제가 생긴다). 만연체는 호흡이 길다. 주어와 술어가 2개 이상이 되면서 문장과 문장이 이어진다. 보고서의 문장은 가능한 한 짧게 쓰자. 생각이 제대로 정리되지 않으면 만연체가 나타난다. 아울러 문장을 길게 쓰면 문법적인 실수를 하기 마련이다. 예를 들자.

'고객조사 결과, 콜센터 상담원들의 응대친절성 수준은 높은 것으로 나타났습니다. 하지만 상품에 대한 상담에 있어서는 전문성이 부족한 것으로 조사되었습니다. 그러다 보니, 상품의 기본적인 내용 외에 상세한 상품 문의는 각 영업점으로 고객의 전화를 연결하거나 다시 전화하라고 하게 되고 그에 따라 고객들의 불만이 늘어나고 있습니다. 지점에서는 전화업무가 늘어나면서 방문고객 응대가 소홀해지는 부작용이 발생하고 있습니다. 이러한 상황의 원인은 콜센터 상담원이 상품의 구분 없이 전화가 걸려오는 순서대로 응대를 하고 있기 때문이었습니다. 또한, 상담원들이 다양한 상품의 내용을 숙지할 수 있는 기회가 없었기 때문인 것으로 분석되었습니다. 따라서 콜센터 상담원들이 상품별로 상담을 할 수 있는 체계를 만들어야 할 것으로 생각되고 또한 상품에 대해서 잘 알 수 있도록 교육을 받게 해야 할 것으로 생각됩니다.'

이런 내용을 거의 그대로 보고서(주로 파워포인트일 것이다)에 쓴다면 어떨까? 이것을 줄줄 읽어야 하는 상사는 절로 짜증이 난다. 글이 얼마나 쉽게 읽히는가 하는 능률의 정도인 가독성이 떨어진다. 간결하게 바꾼다면 다음과 같다.

> **<콜센터 직원 응대수준의 고객조사 결과>**
>
> 1. 현황
>
> · 응대친절성은 높으나, 상품 전문성 부족
>
> · 상품 전문상담은 영업점으로 콜 전환 다수 발생
>
> → 고객 불만 및 영업점 업무량 증가
>
> 2. 원인
>
> · 콜 상담유형에 따른 맞춤상담원 연결 체계 부재
>
> · 상담원의 상품 전문성 미흡
>
> 3. 해결방안
>
> · 상품유형 및 상담 난이도에 따른 상담인력 재배치
>
> · 상담원 전문성강화 프로그램 개발 및 실행

핵심만 추려 단문으로 쓰자. 읽기 쉽게 쓰자. 이건 책에서 이러쿵저러쿵 떠들어봐야 크게 소용없다. 여러분 각자가 많이 연습해보고, 몸으로 머리로 익히는 수밖에 없다.

끝으로 부사의 남발이다. 특히 '및', '에 대하여', '관하여', '하도록 한다' 등은 조심해야 한다. 다음은 '및'과 '에 대하여'를 잘못 쓴

경우다. 어느 회사의 직무기술서에 나온 사례다. '부서 및 타 본부 요청에 대하여 신속 및 정확한 대응 및 방안을 제시한다'라는 문장을 보자. '및'이 풍년이다. 문장을 고쳐보자. '타 부서와 타 본부의 요청에 신속하고 정확하게 대응한다.' 다른 사례. '분석 결과에 대하여 문제점을 발견하고 신규제품 지식에 관하여 숙지할 수 있다'보다 '분석 결과에서 문제점을 발견하고, 신규제품 지식을 숙지한다'가 더 간결하다.

보고서를 쉽게 쓴다는 것은 무엇일까? 하고 싶은 말을 구조화하여 목차를 잡고, 분석한 내용을 간결하고 쉽게 정리한다는 뜻이다. 생각을 꼬지 말고, 어렵게 쓰지 말자. 가능한 한 상대방이 이해하기 쉽게 쓰자. 쉽게 얘기하려면 전제 조건이 있다. 얘기하는 사람이 주제와 안건을 잘 알고 있어야 한다. 잘 알고 있는 사람은 쉽게 풀어서 설명한다. 얼렁뚱땅, 어정쩡하게 알면 온갖 비유와 형용사, 애매한 말로 돌려 말하게 되어 상대방은 혼란스러워진다. 이런 자세는 있어 보이려는 자세다. 누군가와 얘기하거나 논의를 할 때 '저 사람 말은 무슨 말인지 잘 모르겠네… 말이 어렵네'라는 생각이 든다면, 상대가 그 분야를 잘 모른다고 판단해도 무방하다. 논리적인 사람은 쉽게 말한다.

필자들이 훈련한 팁을 알려주겠다. 보고서는 신문이나 잡지에 쓰는 칼럼, 도서와 표현이 다르다. 그래서 컨설팅 보고서나 내부 보고서를 쓸 때는 정부 부처의 발표자료나 보도자료 등을 참고했다. 정부 부처는 정책을 언론과 국민에게 더 많이, 더 빨리 알려야 하기 때문에 쉽게, 간결하게 쓴다. 정책자료와 보도자료는 정부 부처 홈페이지에 있으니 참고하자. 보도자료나 발표자료를 활용해 문장을 줄이거나 필사하는 문장쓰기는 보고서 문장작성에 도움이 된다.

이 글의 사족. 카피해서 붙여넣기(feat. Ctrl+C & Ctrl+V)를 했다면 제발 다시 한 번 읽어보자. 복사하고, 붙여넣고, 한 번 읽자. 바쁜 회사생활에서 한 글자 한 글자 꾹꾹 눌러서 쓸 순 없지만, 이전 보고서와 오탈자까지 똑같으면 상사는 읽기도 전에 보고서를 덮어버릴 수 있다. 본인을 위해 복사하고 붙여넣고 한 번 읽자.

이건 챙겨서 실전에서 써먹자

보고서는 생각의 틀을 목차로 잡아놓고, 간결하고 쉽게 쓰자.

1. 회사에서 커뮤니케이션은 대부분 문서다. 그래서 보고서 작성 업무가 많은 것이다.
2. 문서로 내 생각을 얘기할 때는, 먼저 구조화하자. 프렙(PREP)과 3W 1H(What-Why-How-When)를 활용해서.
3. 보고서를 쓰기 전 반드시 목차를 먼저 잡자. A4지를 9칸으로 나누고 목차에 나올 핵심 키워드를 적는다. 그리고 실전에 활용하자.
4. 문장은 간결하고 상대방이 읽기 쉽게 쓴다. 있어 보이려는 자세 때문에 보고서가 없어 질 수 있다.

업무 띵언

보고서는 말이야, 니가 옆에서 나한테 추가로 설명하지 않아도

내가 한눈에 쓱~ 읽어서 이해되도록 쓰면 되는 거야.

-후배에게 해준 주옥같은 잔소리

물은 셀프, 보고서도 셀프

이 장에서는 보고서 작성의 꿀팁 4가지를 소개한다. 여러 오피스 프로그램이 있지만, 여기에서는 마이크로소프트사의 파워포인트(이하 파워포인트)를 기준으로 설명한다. 그 이유는 파워포인트 자료가 발표용 프레젠테이션뿐만 아니라 일상의 보고용으로 쓰이는 등 범용적이기 때문이다. 아울러 여기서 소개할 것은 보고서 작성의 단계별 상세한 설명이 아니라 파워포인트를 활용한 보고서 작성의 실전 팁이다. 상세한 보고서 작성을 알고 싶다면 별도의 시간을 투자하길 바란다.

스티브 잡스가 프레젠테이션하는 장면을 떠올려보자. 수많은 청중들(주주, 직원, 고객, 언론인 등 수많은 이해관계자들) 앞에서 파워포인트 장표를 한 장 띄워놓은 채 장당 몇 분씩 프레젠테이션을 하는 모습이 떠오를 것이다. 파워포인트 자료에는 뭔가 주저리주저리 쓰여 있지 않다. 그저 한 문장 혹은 한 단어가 거의 전부다. 우리도 발표자료 또는 보고서자료를 한 개의 장표에 한 문장 정도 쓰는 식으로 만들면 어떨까? 안 된다. 스티브 잡스니까 가능한 일이다. 회사의 CEO니까 가능하다. 특히 우리 현실에서 파워포인트 보고서는 다목적이다. 발표용이자 보고용이다. 파워포인트 형태는 출력을 고려해 바탕은 가급적 흰색이어야 하고, 내용은 혼자 읽어서 이해할 수 있어야 하며, 대략 10여 장 내외로 모두 설명할 수 있어야 한다. 즉 보고서는 출력이 돼야 하고, 읽히기 쉬워야 하며, 적은 양이어야 한다. 그렇다면 우리는 파워포인트로 어떻게 보고서를 써야 할까?

보고서 작성 꿀팁 1.
장표가 가로인 이유는 나눠 쓰라는 뜻이다

첫 번째 팁은 장표의 분할이다. 파워포인트는 일반적으로 가로인가, 세로인가? 프로그램을 열면 가로로 되어 있다. 필요에 따라 세로로 돌려서 쓰기도 하지만, 일반적으로 가로 화면이다. 가로 화면은 문장 형식으로 쓰는 것보다 분할할 때 더 효율성이 좋다. 마이크로소프트 워드(이하 워드)나 한컴오피스 한글(이하 한글)처럼 보고의 내용을 위에서 아래로 구성하면 단조로워지기 쉽다. 반면 화면을 분할하면 다양하게 구성할 수 있다. 예를 들어 2분할 하면 개념 설명과 추가 설명으로 구성할 수 있고, 3분할 하면 흐름을 보여줄 수 있으며, 4분할 하면 주제나 안건에 대한 세부 구성요소 등으로 설명할 수 있다. 물론 화면 분할이 반드시 좋은 건 아니다. 지나친 분할은 글자를 너무 작게 만들어 가독성을 떨어뜨릴 수 있기 때문이다.

만약 아래의 자료를 토대로 챗봇의 개념을 조사해 보고한다면 어떻게 정리해서 화면을 구성하는 것이 좋을까?

챗봇의 개념

챗봇이란, 사람과의 문자대화를 통해 질문에 맞는 답이나 연관정보를 제공하는 인공지능 기반의 커뮤니케이션 소프트웨어이다. 서버에서 인공지능을 통해 사용자의 질의를 분석한 뒤 앱이나 웹의 화면으로 정보를 제공하기 위해서 챗봇에는 프론트-엔드(Front-end), 미들(Middle), 백-엔드(Back-end) 각각에 기술요소들이 필요하다. 인공지능 챗봇을 구현하기 위해서는 특히 미들이나 백-엔드에 필요한 5가지 핵심기술이 있는데 패턴인식(기계에 의해 도형, 문자를 식별하는 기술), 자연어처리(사람이 일반적으로 쓰는 언어를 인식하여 처리하는 기술), 시멘틱웹(문자를 이해하고, 논리적 추론까지 할 수 있는 기술), 텍스트마이닝(비정형데이터에서 유용한 정보를 찾아내는 기술), 상황인식컴퓨팅(현실의 상황을 정보화하고 활용할 수 있는 기술) 등이 그것이다.

(출처: 인공지능 기반의 챗봇 서비스 등장과 발전동향, 한국정보화진흥원, 2016.8)

필자들이라면 아래와 같은 형태로 장표를 구성하겠다.

장표 화면을 좌우로 2분할 해서 썼다. 이것을 워드와 한글처럼 위에서 아래로 글로 줄줄이 쓴다면 오른쪽과 같은 형태가 된다.

2분할로 쓴 이유는 챗봇 개념을 설명하는 글과 챗봇 구현에 필요한 핵심기술의 2가지로 내용이 구성되기 때문이다. 내용을 기준으로 '개념 – 핵심기술'의 2가지로 분할했다. 필자들은 주로 2분

파워포인트 2분할 화면 구성 - 챗봇의 개념

챗봇의 개념

챗봇이란 '고객과 채팅을 주고받을 수 있는 로봇'이며, 핵심적인 기술력이 전제 되어야 AI기반의 챗봇이 구현될 수 있음

챗봇의 개념 및 기술요소	AI챗봇 구현을 위한 핵심기술

챗봇(ChatBot) 정의

"사람과의 문자대화를 통해,
질문에 맞는 답이나 연관정보를 제공하는,
인공지능 기반의 커뮤니케이션 소프트웨어"

챗봇(ChatBot) 기술요소

서버(Back)에서 인공지능을 통해
사용자의 질의를 분석한 뒤,
앱/웹(Front)으로 정보를 제공

Front-end 사용자가 보는 화면으로,
　　　　　 앱/웹을 사용

Middle 　　막대한 메시지 테이터를
　　　　　 처리하기 위한 컴퓨팅 소프트웨어

Back-end 　사용자 질의에 답변을 하기 위한
　　　　　 자연어처리, 빅데이터분석 등을 사용

패턴인식　　기계에 의해 도형,
　　　　　　문자를 식별하는 기술

자연어 처리　사람이 일반적으로 쓰는 언어를
　　　　　　인식하여 처리하는 기술

시멘틱웹　　문자를 이해하고,
　　　　　　논리적 추론까지 할 수 있는 기술

텍스트 마이닝　비정형 데이터에서
　　　　　　유용한 정보를 찾아내는 기술

상황인식 컴퓨팅　현실의 상황을 정보화하고
　　　　　　활용할 수 있는 기술

챗봇의 개념

- 챗봇이란, 사람과의 문자대화를 통해 질문에 맞는 답이나 연관정보를 제공하는 인공지능 기반의 커뮤니케이션 소프트웨어임
- 서버에서 인공지능을 통해 사용자의 질의를 분석한 뒤 앱이나 웹의 화면으로 정보를 제공하기 위해서 챗봇에는 프론트-엔드(Front-end), 미들(Middle), 백-엔드(Back-end) 각각에 기술요소들이 필요함
- 인공지능 챗봇을 구현하기 위해서는 특히 미들(Middle)이나 백-엔드(Back-End)에 필요한 5가지 핵심기술이 있는데 패턴인식(기계에 의해 도형, 문자를 식별하는 기술), 자연어처리(사람이 일반적으로 쓰는 언어를 인식하여 처리하는 기술), 시멘틱웹(문자를 이해하고, 논리적 추론까지 할 수 있는 기술), 텍스트마이닝 (비정형데이터에서 유용한 정보를 찾아내는 기술), 상황인식컴퓨팅(현실의 상황을 정보화하고 활용할 수 있는 기술) 등이 그것임

할을 권장하는데, 한쪽은 문자로 된 설명을 담고, 다른 한쪽은 숫자나 그래프로 촘촘하게 설명을 보강할 수 있다. 대체로 좌측면은 개념과 구성요소를, 우측면은 세부 사항으로 구성한다. 사람의 시선은 대체로 왼쪽에서 시작해 오른쪽으로 이동하므로 좌측에 본론 내용을, 우측에 하위 내용을 배치한다. 시선이 시작하는 좌측에 개념, 대책, 대안, 의견 등의 메인 내용을 제시하고, 시선이 끝나는 지점인 우측에는 부가적으로 설명할 필요가 있는 개념의 세부 설명, 대책에 대한 근거, 대안의 세부 사항, 의견에 대한 데이터나 사례 등을 제시하는 게 좋다.

한편, 같은 2분할이라도 내용에 따라 좌우측의 화면을 여러 형

2분할 예시 - 좌

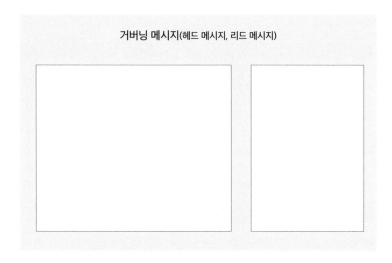

2분할 예시 - 우

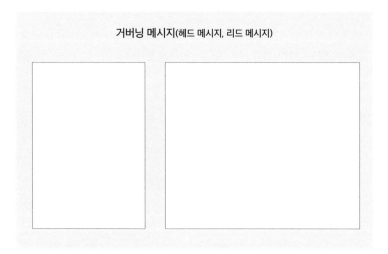

태로 나눌 수 있다. 왼쪽의 예시를 살펴보자. '2분할 예시–좌'는 좌측면이 넓고 우측이 작게 구성했다. 이 장표는 넓은 좌측면에 데이터의 흐름을 보여주고, 좁은 우측면에 데이터 흐름의 증감 이유 또는 원인 등을 설명할 수 있다. 반면 '2분할–우'는 좌측면이 좁고 우측면이 넓다. 좁은 좌측면에는 메시지나 주장하는 글을 담고, 우측 넓은 면에는 그에 대한 구체적인 세부 실행계획을 제시할 수 있다.

아무튼 1분할 장표는 쓰지 말자. 단순하고 지루하다. 내용에 따라 나눠서 쓰되 최소 2분할을 권장한다. 4분할을 넘어서면 복잡해진다.

보고서 작성 꿀팁 2.
보고서 더미를 활용하자 (feat. Ctrl+C & Ctrl+V)

한 장표에 담을 내용을 정했다면 다음은 장표를 구성할 차례다. 보통 여기에 많은 시간과 고민을 투입한다. 예를 들어 만일 뭔가를 분석했는데 원인이 크게 세 가지로 나왔다면 어떻게 할까? 삼각형도 그려보고 3단 탑도 쌓는 등 한바탕 난리가 난다. 어떻게 표현해야 할지 꽤 많이 고민한다. 그런데 여러분이 화가는 아니지 않나. 보고서는 미적 감각을 보여주기 위한 게 아니다. 보고 장표는 읽기 쉬우면 된다. 보고서는 쓰는(write) 것이지, 그리는(paint) 것이 아니다.

여기서 고민하지 말고, 보고서 더미(dummy)를 활용하자. 보고서 더미는 기존 보고서에서 사용된 장표구성 덩어리들, 즉 기본 보고서나 템플릿을 말한다. 일반적으로 회사에서 흔히 사용되고, 보고받는 사람들이 선호하는 보고서나 템플릿이 있다. 그게 보고서 더미다. 즉 기존 보고서를 많이 참고하자는 얘기다. 상사나 다른 부서에서 쓴 보고서를 잘 수집했다가 내용에 맞게끔 장표를 활용하면 된다. 이미 구성되어 있는 장표를 가져다 쓰자. 다른 회사의 보고서나 컨설팅 전문회사의 컨설팅 결과보고서 같은 것을 참고할 수 있으면 더욱 좋다.

여기서 강조하고 싶은 바는, 보고의 내용을 고민하고 다듬고 데이터를 확인하고 사례를 찾는 데 더 많은 시간을 투입하는 게 좋다는 것이다. 빈약한 내용에 화려한 장표는 아무 의미가 없다. 삼각형, 3단 탑보다 근거 확보, 오탈자 확인이 더 중요하다.

여러분에겐 장표에 들어갈 도형이나 그림을 일일이 한 땀 한 땀 그리고 앉아 있을 시간이 없다. 따다 쓰면 된다. 따다 쓰려면 어떻게 해야 할까? 다른 보고서를 많이 봐야 한다. 많이 봐둬야 '아, 이 거 그때 그 보고서에서 본 형태를 인용하면 되겠네. 그 장표가 어디 있더라?' 하면서 찾아 쓸 수 있다. 이것이 가능한 이유는, 잘 쓴 보고서에는 여러분이 써야 하고 쓰고 싶은 구성이 이미 다 들어 있기 때문이다. 현상 진단이든, 문제점 도출이든, 원인 파악이든, 사내외 비교든 여러분이 내용을 철저히 조사했다면 내용을 아름답게 구성하는 형태는 보고서 더미를 활용하자. 그래야 여러분의 퇴근시간도 당겨지고, 상사들 눈도 괴롭지 않다. 한마디로, 평소 다른 보고서를 많이 살펴보고, 구성이 탄탄한 장표는 복사해(Ctrl +C) 붙여넣기(Ctrl+V)하자. 다시 한 번 강조. 다른 보고서를 가져다 쓸 경우, 가져온 장표는 3회 이상 읽자. 그 내용과 용어를 바꾸지 않고 그냥 쓰면 그 즉시 신뢰도가 훅 간다. 아무리 주의해도 모자라지 않다. 주의하자.

　다음은 활용할 수 있는 보고서 더미 예시다. 눈으로 스윽 보고, 손으로 그려서 익히자. 대표적인 보고서 더미다. 나머지는 여러분이 사내에서 먹히는 보고서들을 살펴서 수집하길 바란다.

거버닝 메시지(헤드 메시지, 리드 메시지)

	제목	제목
텍스트	•	•
텍스트	•	•
텍스트	•	•

거버닝 메시지(헤드 메시지, 리드 메시지)

제목	제목			제목		
• 내용	제목	제목	제목	제목	제목	제목
	• 내용	• 내용	• 내용	• 내용	• 내용	• 내용
	• 내용	• 내용	• 내용	• 내용	• 내용	• 내용
	• 내용	• 내용	• 내용	• 내용	• 내용	• 내용
	• 내용	• 내용	• 내용	• 내용	• 내용	• 내용
	• 내용	• 내용	• 내용	• 내용	• 내용	• 내용
	• 내용	• 내용	• 내용	• 내용	• 내용	• 내용

더미 예시 2 – 단계를 표시할 때

거버닝 메시지(헤드 메시지, 리드 메시지)

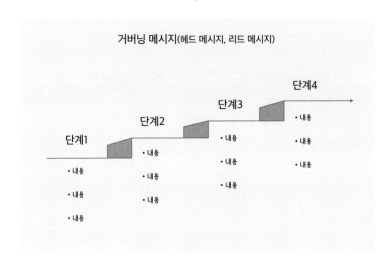

거버닝 메시지(헤드 메시지, 리드 메시지)

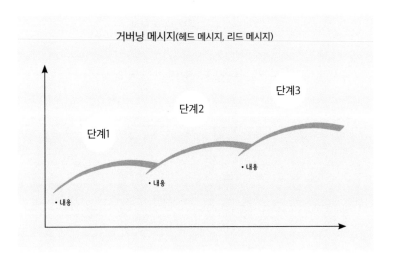

더미 예시 3 - 비교할 때

거버닝 메시지(헤드 메시지, 리드 메시지)

제목	제목
• 내용	• 내용

내용

더미 예시 4 - 그래프를 이용할 때

거버닝 메시지(헤드 메시지, 리드 메시지)

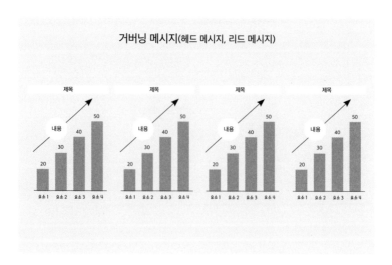

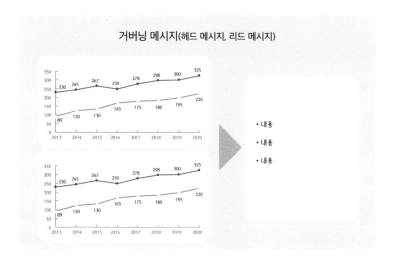

더미 예시 4 – 그래프를 이용할 때

보고서 작성 꿀팁 3.
거버닝 메시지를 잡는 자, 보고를 다스린다

  장표에서 상단에 위치한 거버닝 메시지(헤드 메시지 혹은 리드 메시지)는 해당 장표에서 여러분이 하고 싶은 주장이나 의견이다. 예를 들어, 여러분이 보고서 열 장을 썼다고 하자. 여러분의 상사가 그 보고서의 거버닝 메시지 10개만 연속으로 읽고도 무슨 말을 하는지 이해한다면 잘 쓴 거버닝 메시지다. 그만큼 거버닝 메시지는 중요하다. 거버닝 메시지를 쓸 때 주의할 점은 2가지다.

먼저, 거버닝 메시지는 최대 두 줄을 넘지 말아야 한다. 주장할 말의 양이 아무리 많아도 글자 크기를 줄여 두 줄로 만들지 말자. 키워드 중심으로 주어와 서술어를 분명히 해서 간결하게 줄인다. 보통 파워포인트 보고서의 거버닝 메시지 글자 크기는 22~24포인트(프레젠테이션용)와 16~20포인트(일반적 대면보고나 회의용) 정도가 적당하다. 글자 크기를 유지하고 최대 두 줄을 넘지 않게 의견을 요약한다. 그래서 어려운 것이다. 장표의 본문 내용을 읽지 않더라도 이해되게끔 써야 한다. 필자들은 컨설팅 보고서와 회사에서 보고서를 쓸 때 후배들에게 이렇게 얘기하곤 했다. "하나의 거버닝 메시지를 쓰려면 말이야… 썼다가 지웠다가를 한… 20~30번 정도 해보면서 오바이트가 쏠려야 제대로 된 문장 하나 나온다." 그만큼 어렵다. 토하진 말고.

다음은, 보고서의 모든 장표에 거버닝 메시지를 쓸 필요는 없다는 것이다. 거버닝 메시지를 뽑을 수 없는 내용도 있다. 이 경우 억지로 거버닝 메시지를 뽑으려다 보면 장표에 들어 있는 내용을 반복하게 된다. 본문의 내용을 거버닝 메시지로 반복하지 말자. 예를 들면, 어떤 조사를 해서 그 결과를 그래프로 장표에 작성했다고 치자. A사는 78점, B사는 83점, C사는 93점… 당사는 82점임을 보여주는 그래프를 그려넣고 거버닝 메시지를 '조사 결과, A사는 78점, B사는 83점⋯ 당사는 82점으로 나타났음'이라고 쓰면 어떨까? 그러지 말자. 본문 내용에 이미 다 있다. 있는 내용을 거버닝 메시지에 중복하는 건 중언부언이다. 이런 경우는 과감히 거버닝 메시지를 생략한다. 거버닝 메시지는 해당 장표의 핵심이고, 주장이다.

보고서 작성 꿀팁 4.
쪼대로 말고, 보고 형태에 따라 다르게 쓰자

"네 쪼대로 살아라"

드라마 〈쌈, 마이웨이〉에 나오는 대사다. '사고를 쳐야 청춘이다'라는 부제하에 아버지가 아들에게 자신만의 꿈을 꾸고, 자신만의 삶을 살라는 의미에서 던진 대사다. 네이버 국어사전에 따르면 '쪼대로'는 자기 마음대로 또는 기분대로라는 뜻의 경상도 사투리다. 자기 인생이야 자기 마음대로, 기분대로 살아도 되지만, 보고서는 쪼대로 쓰면 안 된다. 보고서는 소통을 목적으로 하기 때문에 상대와 상황에 맞게 써야 한다.

보고서를 최종적으로 누가 받느냐에 따라 보고의 형태를 달리

해야 한다. 즉 경영진을 대상으로 프레젠테이션을 하기 위한 보고서인지, 팀장 또는 임원을 대상으로 하는 테이블 미팅용 보고서인지에 따라 장표 구성이 달라야 한다. 여기서 테이블 미팅은 일반적인 대면보고나 회의를 말한다.

프레젠테이션 보고서는 일반적으로 경영진 보고(CEO나 주요 임원진)에 많이 쓰인다. 경영진 대상 프레젠테이션 보고에는 깨알 같은 글씨와 한눈에 들어오지 않는 숫자(데이터)가 부적합하다. 글씨는 크게, 숫자는 꼭 필요한 것과 강조할 것으로 추려야 한다.

경영진 대상 프레젠테이션용 보고서는 여백의 미를 충분히 살린다. 빽빽하면 좋지 않다. 하고 싶은 말이 많아도, 한 개의 장표에 하나의 주장 그리고 근거가 기본이다. 심플하게 구성한다. 추가적으로 데이터나 자료가 필요하다면 첨부로 붙인다. 프레젠테이션용 보고서의 글자 크기는 거버닝 메시지 24포인트, 본문의 제목은 18포인트, 본문 내용은 16포인트 정도를 권장한다. 물론 인쇄물로도 배포하지만, 화면의 글씨가 너무 작거나 지나치게 많은 정보를 담으면 복잡하고 부담스럽다. 정리하면 1장표, 1주장 그리고 근거다.

이 경우는 색상도 좀 챙긴다. 대체로 회사의 CI(Corporate Identity)나 BI(Brand Identity) 등을 따르고 그 색상을 중심으로 한 장표에 세 가지 색상 정도가 바람직하다. 색상이 화려하면 내용에 소홀해진다. 특히 도형과 그래프에 파랑, 노랑, 초록, 빨강 같은 유채색을 쓰면 유치해진다. 무채색을 권장한다. 이유는 프레젠테이션용은 출력도 해야 하고 발표도 해야 하기 때문이다. 보통 장표 화면은 흰색, 글씨는 검은색, 도형이나 그래프는 회색계열의 무채색이나 해당 기업의 CI나 BI와 유사한 색 정도가 무난하다.

일반 대면보고나 회의용 보고서도 프레젠테이션 보고서와 크게 다르지 않다. 차이점은 보고서의 구성이 더 디테일하고, 글자 크기도 더 작다는 것이다. 자료나 데이터 분석이 포함되고, 경영진 보고서 대비 양도 많기 때문이다. 대면보고용와 회의용 보고서의 글자 크기는 거버닝 메시지 16~20포인트, 본문의 제목은 14포인트, 본문 내용은 12포인트 정도를 권장한다. 하단의 주석, 출처는 9~10포인트 정도의 글자 크기가 적당하다.

지금까지 현업과 컨설팅에서 체험한 실전형 보고서 노하우를 4가지 꿀팁으로 정리했다. 이 4가지 꿀팁만 잘 활용하면 시간과 노력을 과하게 들이지 않고도 "보고서 좀 쓰네"라는 평판을 들을 수 있을 것이다. 만약 시간이 여유롭고 충분해서 보고서에 한 글자, 한 글자 새길 수 있다면 이런 팁들을 소개하지도 않을 것이다. 그렇지만 주니어인 여러분은 널널한 시간적 여유가 없다. 그러니 보고서를 읽기 쉽게, 간결하게, 양도 적게, 쓰자.

보고용어 vs. 직무용어

#사례 1

모 카드사에 다니는 후배의 10년 전쯤 얘기다. 이전 직장에서부터 일 잘한다는 평판을 듣던 후배는 경력직으로 모 카드사에 이직했다. 후배가 이직한 후 얼마 되지 않아 겪은 경험이다.

"김 대리, 이번 주에 FM 있으니까, 이사님 FM 자료 준비 좀 해."

"네??? FM…이요?"

"그래, 이번 주에 FM 있으니까… 아젠다는 어쩌구저쩌구 이걸로 준비하자고."

"네…???(무슨 소리야?)"

김 대리는 FM이 뭔지 몰랐다. FM라디오는 분명 아닐 테고. 선배에게 물어봤으면 될 텐데, 경력직으로 입사해서 일 좀 잘한다고 인정받는 상황에서 "FM이 뭡니까?"라고 묻기 창피했다고 한다.

알고 보니 FM은 Focus Meeting의 약자로, 임원들이 서로 업무정보를 교류하고 유관부서 임원들이 활발한 토의를 통해 신속히 의사결정을 하는 임원 협의제도였다. 후배는 생소한 용어 때문에 적잖이 당황했고 하마터면 FM 자료를 만들지 못할 뻔했다고 한다.

#사례 2

A사 인사담당임원은 인사기획팀 전원을 불러서 업무지시를 했다. "회사에서 GWP제도 도입을 검토하라고 했어. 그러니 다들 GWP 적용방법과 사례들을 조사해서 보고해."

이 주임은 인사기획팀장의 지시로 GWP 업무를 맡게 되었다. 이 주임은 GWP가 Great Work Place의 약자이며 일하기 좋은 환경을 조성하고 만드는 제도로 알고 열심히 조사했다. 특히 직원의 관점에서 각종 복리후생제도나 업무환경 개선 등을 중심으로 작업했다. 하지만 조사한 내용을 인사담당임원에게 보고하는 자리에서 이 주임은 엄청 깨졌다. 깨진 이유를 알고 보니 임원과 실무자 간 GWP를 서로 다르게 알고 있었다고 한다. 인사담당임원은 GWP를 회사 관점에서 직원들의 업무방식 변화와 관련된 제도로 이해했고, 인사기획팀장과 이 주임은 직원 관점에서 일하기 좋은 복리후생제도의 강화로 이해했다. 이처럼 같은 용어도 관점에 따라 다르게 이해할 수 있다(임원이 업무를 지시할 때 본인이 의도하는 바를 알려줬으면 시간낭비를 안했을 텐데, 보고받고 나서 본인 생각과 맞지 않는다고 깬다. 환장할 노릇이다).

이 사례는 업무용어로 인해 벌어진 해프닝들이다. 사례 2의 경우, 임원은 임원대로 "아⋯ 말이 안 통해서 못해먹겠어요"라며 혀를 찼고, 실무자인 이 주임은 "처음부터 본인이 생각하는 용어를 알려주면 될 일인데 보고받고 나서 '이건 아니지'라고 깨기만 합니다"라고 임원을 원망했다. 그렇다면 주니어들은 어떻게 해야 할까?

주니어들은 처음 접하는 용어들에 당황할 수 있다. 회사에는 구성원들 사이에 굳이 설명하지 않아도 다 알아듣는 혹은 알아들어야 하는 업무용어들이 있다. 회사에 빨리 적응하고 일 좀 한다는 소리를 들으려면 업무용어들을 재빨리 이해하고 활용할 필요가 있다. 아울러 자기 일의 효율을 높이기 위해서라도 업무용어의 이해는 반드시 필요하다.

보고용어와 직무용어

업무용어를 구분하는 아카데믹한 방법론은 없다. 필자들의 근무 경험과 컨설팅 경험 등에 비춰보면 업무용어는 크게 2가지다. 하나는 보고용어, 다른 하나는 직무용어다. 보고용어는 보고할 때 사용할 수 있는 용어이고, 직무용어는 자신이 속한 업계나 특정 회사에서 사용되는 용어들이다. 여기에서는 두 가지 업무용어에 어떤 것들이 있는지, 그리고 어떻게 쉽고 빠르게 활용할 수 있는지를 설명하겠다(필자들의 현장 경험을 바탕으로 구분했다. 활용방법에 집중해 읽어주기 바란다. 용어의 개념과 구분방법에 대한 질문은 마음 한편에 치워두길 바란다).

보고용어는 영업현장에서 고객을 대할 때 이외에 거의 대부분의 회사생활에서 사용된다. 회사 내부에서 상사에게 업무지시를 받거나 업무를 전달하고 공유할 때 많이 쓰는 용어들이다. 특히 여러분이 보고할 때나 문서를 작성할 때 필요하다. 주요 보고용어로는 디벨롭핑(Developing), 프레임워크(Framework), 팔로우업

(Follow up), 캐스케이딩(Cascading), 얼라인먼트(Alignment), 어싸인(Assign), ASAP(As soon as possible), FYI(For Your Information), TBD(To Be Determined), 강화하다, 고도화하다, 구축하다, 개선하다, 제고하다, 미흡하다, 부족하다, 열위에 있다 등이 있다.

사례에서 보듯 꽤 많은 선배들이 영어로 된 용어들을 사용한다. 풀어서 설명하는 것보다 간편하기 때문일 것이다. 다시 말해 비즈니스 커뮤니케이션에서 축약어는 설명에 드는 시간을 단축시키고 자기들만의 내부 문화를 나타낼 수 있기 때문에 사용되는 것으로 추측된다(회사 내 용어의 유례와 형성 과정 등은 연구자들께 맡기고 우리는 주요한 용어와 의미, 활용방법에 집중하자).

영어로 된 용어를 한글로 풀어보자. 디벨롭핑(Developing)은 더 구체화하라는 의미, 프레임워크(Framework)는 업무추진의 체계나 단계를 의미, 팔로우업(Follow up)은 후속조치하라는 의미, 캐스케이딩(Cascading)은 상위에서 하위로 순차적으로 세분화하라는 의미, 얼라인먼트(Alignment)는 인과관계 등에 따라 정렬을 잘 하라는 의미, 어싸인(Assign)은 업무할당을 의미, ASAP은 As Soon As Possible의 약자로 최대한 빨리 하라는 의미, FYI는 For Your Information의 약자로 알려주는 내용을 참고하라는 의미, TBD는 To Be Determined의 약자로 추후 확정하겠다는 의미다.

사실 영어로 된 용어를 선배들이 즐겨 쓰는 이유가 하나 더 있다. 있어 보이는 효과를 노리는 것이다. 필자들도 그랬다. 지금은 좀 달라졌다. 말은 생각을 담는 그릇이라 생각하기 때문에 지금은 조금씩 정성껏 표현하고 마음을 기울여 들으려 한다. 상대가 말하는 용어도 듣지만, 말하는 어감과 의도가 무엇인지를 신경 쓰며 들으려 노력한다. 그게 한글이든, 영어든 말이다.

보고용어의 선택도 중요하다. 상황별로 어감이 다른 단어를 골라야 한다. 주장하는 경우, 제안하는 경우, 분석 결과를 강조하는 경우, 사례를 드는 경우, 데이터를 설명하는 경우, 의심을 확신으로 바꿔야 하는 경우 등 회사에서는 수많은 상황이 발생하기 때문에 해당 상황에 찰싹 들러붙는 단어를 골라 쓸 줄 알아야 한다. 자신도 확신이 없는데 지나치게 강조하는 단어를 쓴다거나, 데이터나 사례가 없는데 확신에 찬 단어를 쓴다면 의심받을 수 있다.

하나 더. 보고서를 쓰다 보면 문장의 동사를 어떤 걸 써야 할지 막막할 때가 있다. 계속 같은 단어만 쓸 수는 없지 않은가? 예를 들어, 뭔가 분석을 했는데 모든 결과가 좋지 않게 나왔다고 하자. 보고서에 이것도 좋지 않고 저것도 좋지 않고 그것도 좋지 않고라고 계속 써야 한다. 그래도 '좋지 않다'는 표현만 줄기차게 쓸 순 없다. 분석 결과 수치의 높고 낮음에 따라 부족하다, 미흡하다, 개선이 필요하다 등등의 용어를 적절히 섞어야 한다. 이러려면 동사 더미를 갖고 있는 게 좋다. 아울러 상사가 유사한 상황에서 어떤 단어들을 어떻게 쓰는지 잘 살피자. 사람은 결국 자신과 비슷한 말과 표현을 하는 사람을 선호하기 마련이다. 선배들이 쓰는 용어를 사용하면 공감대를 형성하기 쉽고, 내용을 이해시키기도 수월하다.

직무용어는 여러분이 속한 회사에서 쓰는 업무나 직무에 관련된 용어들이다. 이건 업무를 통해 직접 겪어야 한다. 익히는 데 특별한 방법이 없다. 가능하면 최대한 빨리 익힐수록 좋다. 직무용어는 필자들이 한창 일할 당시 겪었던 어려움 중 하나였다. 직장에 근무할 당시 인사, 교육, 기업문화 등 스태프부서에 속해 있다 보니 생산현장이나 영업현장의 직무용어들에 익숙하지 못했다. 그래서 제철회사에 근무하던 시절에는 인사제도를 기획하거나 현장 직원들을 교육시킬 때 생소하기만 한 생산공장 용어들을 더 철저히 준비했고, 금융회사에 다닐 때는 현장 영업부서의 보고자료를 미리미리 읽어보며 모르는 용어를 공부했다. 심지어 후배들에게도 물어가며 배웠다.

용어는 편의성과 있어 보이는 것을 넘어 일에 대한 전문성과 소속감을 드러낸다. 그래서 필자들도 주니어 시절에 꽤 열심히 살피고 수집했다. 여러분도 잘 수집하고, 잘 정리하고, 잘 이해하길 바란다. 그게 여러분의 전문성과 소속감을 보여준다. 아쉽게도 회사 내에서 누군가가 직무용어를 하나씩 정성껏 알려주는 경우는 거의 없다. 귀 쫑긋 세우고 대화에서 수집하고, 눈 번쩍 뜨고 문서에서 챙기자. 빠르게 이해하고 익히자. 시간이 간다고 저절로 전문성과 소속감이 쌓이는 건 아니다.

상사의 유형을 고려하자

개리 윌리엄스(Gary Williams)와 로버트 밀러(Rovert B. Miller)는 공동 저서인 《돈키호테는 OK하는데 햄릿은 NO한 이유》(2004)에서, 2년간 약 1,600명의 임원들을 대상으로 의사결정의 스타일을 연구·분석해 상사들의 유형을 크게 다섯 가지로 나누어 발표했다. 그 다섯 가지 상사의 유형을 소개한다. 여러분의 상사들이 어느 유형에 속하는지 살펴보고 그 스타일에 맞는 보고용어를 활용해보길 권장한다. 설득이 훨씬 쉬워질 수 있다.

상사들의 다섯 가지 유형

유형	비중	특징	선호하는 용어	보고 시 팁
카리스마형 (charismatic)	25%	처음에는 새로운 아이디어에 쉽게 관심을 보이지만, 최종적으로는 감정이 아닌 정보에 기초함	결과, 검증된, 쉬운, 명료한, 행동, 집중된	결과를 놓고 대화에 집중, 의견은 단순하고 이해하기 쉽게, 시각적 도구 활용, 기대효과 중심
사고형 (thinker)	11%	설득하기 가장 어려운 유형, 데이터에 기반한 의견에 집중, 리스크 회피, 의사결정 속도가 느린 편임	지적인, 똑똑한, 논리적인, 학구적인	많은 데이터 준비와 분석이 필수, 모든 관점에서의 분석 결과를 바탕으로 설득
의심형 (skeptic)	19%	모든 데이터를 의심함, 공격적이고 전투적인 스타일, 책임감 있는 평가를 받는 유형	느낌, 파악, 신뢰, 요구	최대한 신뢰가 있어야 함, 신뢰가 없다면 이 유형의 상사가 신뢰하는 사람과의 관계를 언급하면서 설득
추종형 (follower)	36%	과거 경험을 신뢰하는 경향, 예전에 했던 방식이나 선두주자의 행동에 기초하여 의사결정, 리스크 회피	기존의, 신속한, ~와 유사한, 전문적인	검증된 방법에 집중, 과거 및 유사한 성공사례 언급, 레퍼런스의 활용
통제형 (controller)	9%	불확실성과 모호함을 극단적으로 회피, 위험을 과대평가, 사실이나 분석 결과를 중요시	사실, 논리, 디테일, 이성적, 실행	구조화를 통한 의견제시, 전문가적 수준의 디테일, 의견이나 주장을 공격적으로 하면 안 됨, 정보를 제공하고 스스로 이해될 때까지 기다릴 필요 있음

개리 윌리엄스와 로버트 밀러는 일반적으로 상사들이 한결같은 유형을 고수하지는 않으며 상황에 따라 다른 스타일을 보인다고

했다. 하지만 크게 성공한 리더일수록 한 가지 뚜렷한 의사결정 스타일을 유지하는 경향이 있다고 했다.

여러분의 상사는 어떤 유형인가? 물론 모든 상사가 이 다섯 가지 유형으로 명확히 구분되지는 않겠지만 대략 고개는 끄덕여질 것이다. '우리 팀장님은 주로 이런 스타일이어서 이렇게 했구나' 하고 말이다. 필자들이 경험한 선배들이나 임원들도 딱히 어느 한 유형에 속하진 않았다. 여러 유형이 섞여 있었다. 상황에 따라 또 본인들의 권한과 책임범위에 따라 달랐을 테니 말이다.

그런데 재밌는 것은, 어느 상사나 임원이든 공통적으로 추종형 스타일이 엿보였다는 점이다. 그들도 직장인이고 누군가에게 고용되어 있는 사람들이니 큰 책임을 짊어지고 뭔가를 하기에 불안감이 있었을 것이다. 여러분의 팀장이나 상사도 당연히 추종형 스타일을 일부 갖고 있을 것이다. 이 점을 염두에 두고 검증된 방법과 성공사례를 활용하고 레퍼런스를 잘 챙기자.

업무사전 만드는 방법

이제 여러분의 업무사전을 만들어보자. 먼저 용어를 수집하고 정리해 자신의 용어사전을 만든다. 어떻게 모으고 정리할까?

첫째, 필대필(筆對筆)로 모은다. 필(筆)은 '붓 필' 자다. 즉 글을 의미한다. 여러분 회사나 부서의 문서(보고서, 기획서, 제안서, 품의서 등)를 읽어보고 문서에 등장하는 단어들을 찾아 수집하자. 문서에서는 보고용어와 직무용어 모두를 찾아낼 수 있다. 기존 서류나 문서를 많이 보고 공통적으로 많이 등장하는 단어를 기록해놓자.

둘째, 구대구(口對口)로 모은다. 구(口)는 '입 구' 자다. 즉 말을 의미한다. 팀장이나 상사들이 하는 말을 잘 관찰하자. 특히 회의 시간에 오가는 말을 잘 들어야 한다. 혹시 가능하다면 임원이 참석하는 회의에서 나오는 말들을 잘 관찰하고 기록하면 더 좋다. 왜냐하면 임원이 참석한 회의에서 팀장이나 선배가 하는 말은 거의 다 회사에서 공식적으로 통용되는 용어들이기 때문이다(직장인들이 윗사람과 함께 있는 자리에서는 더욱 신경 써서 공식적인 용어를 사용하는 것은 당연한 일이다).

셋째, 필대필(筆對筆)과 구대구(口對口)로 수집한 용어들을 사전으로 만든다. 사전은 자신이 보기 편한 형태로 만들면 된다. 필자는 스마트폰의 메모장 기능을 즐겨 활용한다. 엑셀을 활용해서 영업, 생산, 스태프 등으로 구분해 정리하는 후배도 있었다. 자신만의 용어사전에는 수집한 용어와 뜻, 활용예시와 사용하는 팀이나 사람 등을 정리한다. 다음의 템플릿을 이용해보자.

나만의 업무사전 구성 템플릿

구분	용어	의미	활용예시	사용처
보고 용어	캐스케이딩 (cascading)	순차적으로 세분화함	각 본부별 전략과제는 전사전략으로부터 캐스케이 딩해서 도출한 것이다	임원용 보고서 (팀장 사용)
〃	어싸인 (assign)	업무할당	하반기 추진업무 어싸인을 하겠습니다	부서회의 시 (팀장 사용)
〃	고도화하다	수준을 높인다는 의미	이번 차세대시스템을 고도화하여	보고서 (임원, 팀장 사용)
〃	…	…	…	…
직무 용어	BP (Basis Point)	이자율 계산의 최소 단위 (1%=100bp)	액면 이자율보다 100bp 높아졌다	보고 및 회의 시 (팀장 사용)
〃	…	…	…	…

예시처럼 엑셀파일로 템플릿을 만들어놓고, 필대필(筆對筆)과 구대구(口對口)로 용어를 수집할 때마다 한 줄씩 늘려나가자. 익숙해지면 별일 아니지만 낯설 땐 자신만의 용어사전이 도움이 된다. 누군가 본다면 "자신만의 용어사전?" 하며 가볍게 웃을지도 모른다. 용어들이 익숙하니까 말이다. 하지만 주니어인 여러분이 가볍게 보지 말아야 할 것이 있으니, 바로 자신만의 용어사전이 그 익숙함으로 가는 시간을 단축시켜준다는 사실이다. 입사하면서부터 보고용어, 직무용어를 줄줄 꿰차고 읊는 사람은 없다. 하지만 업

무사전이 전혀 필요 없는, 누구도 여러분에게 이래라저래라 참견하기 힘든 날이 온다. 반드시 말이다.

이건 챙겨서 실전에서 써먹자

모르는 용어는 업무사전으로 만들어놓자.

1. 회사에서 주로 쓰이는 용어에는 보고용어와 직무용어가 있다. 여러분의 상사들이 문서에서 쓰는 용어, 평소에 하는 말을 세심하게 관찰하고 수집해놓으시라. 그게 회사에서 통용되는 용어다. 그 통용어를 사용하면 상사를 설득하기도 이해시키기도 훨씬 쉬워진다.
2. 리더의 유형은 다섯 가지로 구분할 수 있다. 여러분의 상사가 어떤 유형인지 파악해보자. 그 유형에 맞는 용어와 보고방법을 활용하자.
3. 상사의 글과 말을 수집해서 여러분만의 업무사전을 만들자. 전문용어와 보고용어를 줄줄이 꿰게 되면 사전이 필요 없어진다. 지금은 아니어도 반드시 그런 때가 온다. 그때 버리자. 그전까지는 챙기자.

업무 띵언

나는, 이제 막 씨앗을 심어놓고 왜 당장 꽃이 피지 않느냐고 떼를 쓰고 있었다.
-작가 미상

2부

멀지도 가깝지도 않은
관계 만들기

그 러 르 쌰

적당히 오버하고,
꾸준히 유지하자

　지금은 토요일 오전 10시이고, 이따가 오후 5시에 소개팅이 있다고 해보자. 여러분은 소개팅에 나가기 전까지 무엇을 하겠는가? 헤어숍에 들러 머리도 좀 손질하고, 옷은 어떻게 코디할지 이것저것 입어보고, 너무 튀진 않되 예쁘게 화장도 하고, 처음에 무슨 말을 할까 고민도 해보고… 이러지 않을까 싶다. 왜 이렇게 할까? 아시다피시 좋은 첫인상을 주고 싶기 때문이다. 이를 초두효과(primacy effect)라고 한다.

　이미지 컨설턴트인 카밀 래빙턴(Camille Lavington)은 첫인상을 통한 호감과 신뢰도 판단은 3초면 끝난다고 했고, 프린스턴 대학 심리학과 교수 제니 윌리스(Janine Willis)는 0.1초라고 했다. 그만큼 첫인상에 대한 판단은 순식간이다. 우리는 이러한 사실을 본능적으로 알고 있고, 새로운 사람을 처음 만날 때 잘 보이기 위해서 초두효과를 사용한다.

회사에서도 마찬가지다. 신입이든, 경력직으로 이직했든 여러분은 자신도 모르게 초두효과를 의식하게 된다. 그래서 초반에 잘 보이기 위해 행동에 노력을 기울인다. 입사 초기 몇 개월을 떠올려보면 아주 쉽게 공감할 수 있을 것이다.

자, 기억해야 할 부분 들어간다. 입사 초반 몇 개월(상황과 사람마다 다르겠지만 6개월 정도로 설정하자) 동안 자신의 이미지 포지셔닝을 '그럴듯하게' 해놓아야 한다. 그래야 하는 이유가 있다. 여러분이 새로운 조직에 합류하면 기존 사람들은 새로 입사한 여러분에 대한 정보가 없기 때문에 '관심'을 갖고 집중적으로 지켜본다. 여러분이 어떻게 행동하고 일하고 말하는지 정보를 얻기 위해서다. '관심'을 현실적인 단어로 대체하면 '관찰'이다. 즉 초기에는 집중적으로 '관찰'당한다. 그러니 특별히 신경 쓰자. 회사에 안정적으로 정착하기 위해 초반 6개월 정도는 스스로를 살피고 그럴듯한 이미지를 만들자.

그렇다면 회사생활 초반에 그럴듯한 이미지를 포지셔닝하는 방법은? 매우 간단하다. 과유불급(過猶不及). 이것만 기억하자. 적당히 오버하라는 말이다. 사실, 방금 말한 '매우 간단하다'는 것은 역설적 표현이다. 실제로는 너무나도 어렵다. 지나치면 일이 쏟아지고 모자라면 모질이로 찍힌다. 무엇을 어떻게 해야 쏟아지는 일을 막고, 모질이로 찍히지 않을까?

초반에는 적당한 오버액션

여러분이 이성에게 잘 보이고 싶을 때 어떻게 하는지 떠올려보자. 과유불급의 해답이 보인다. 외모는 정갈하게, 표정은 온화하게, 자세는 바르게, 태도는 친절하게 한다. 누군가 뭔가를 권하면 정말 싫은 것 외에는 하자는 대로 한다는 식이다. '어? 나네?'라고 생각하는 분이 있을지 모르겠다. 바람직하다. 정상이다. 소개팅에 나가면 당연히 이렇게 한다.

회사에서도 비슷하다. 소개팅 후 서로 어떤 사람인지 알아가는 것과 유사하다. 입사 초반 6개월은 주변 선배와 동료들과 간보는 시간이다. 회사생활은 간보는 시간으로 시작해서 물음표의 시간을 거쳐 느낌표의 시간으로 흘러간다. 간보는 시간 동안 여러분은 무엇에 집중해야 할까? 보여주기 힘든 것을 보여주려 하지 말고, 보여줄 수 있는 것을 보여주자.

입사 초반에 보여주기 힘든 것들은 회사의 핵심 가치나 인재상에 부합되는 모습이다. 성실성, 책임감, 협업, 도전, 창의, 혁신 등에 부합되는 모습이다. 성실, 책임감, 협업 등의 가치 지향적 태도는 단기간에 보여주기 어렵다. 고민 말자. 눈을 통해 입증하기 어려운 가치들을 보여주려 노력하지 말고, 보여줄 수 있는 근태, 복장, 예의에 집중하자. 근태, 복장, 예의 등은 눈으로 확인할 수 있고 보여줄 수 있다. 눈으로 확인할 수 있는 행동을 보여주는 것만으로도 여러분은 자연스럽게 성실하고 책임감 있으며, 도전정신과 창의력을 갖춘 직원으로 이미지를 포지셔닝할 수 있다. 가치는 입으로 떠드는 것이 아니라 행동으로 보이는 것이다.

예를 들어보자. 회사 출근시간은 9시인데 여러분의 팀장은 매일같이 8시까지 출근해서 앉아 있다. 팀장은 잠도 없나? 아주 환장한다. 여러분은 어떻게 할 것인가? 매일같이 팀장보다 5분에서 10분 정도 일찍 출근해서 성실한 직원이라는 이미지를 심어주고 싶으신가? 실제로 매일 그렇게 할 수 있거나, 자신이 있으면 하셔라. 단, 늘 한결같아야 한다. 말이 쉽지 이게 어렵다. 한결같을 수 없는데 성실한 척하면 과한 오버다. 적당히 오버하자.

팀장이 8시에 출근한다고 해도, 출근시간은 엄연히 9시인데 어떻게 매일 8시 전에 출근하겠는가? 여러분은 8시 45분 정도에 출근하면 된다. 9시 땡 하는데 헐레벌떡 자리에 앉으면 모질이다. 대략 10분에서 15분 정도 일찍 출근해서 9시부터 업무를 시작할 수 있게 준비하면 된다. 단, 조건이 있다. 꾸준해야 한다. 어떤 날은 5분 지각하고 어느 날에는 30분 전에 출근하는 식으로 왔다갔다하지 말자. 행동이 한결같다면 회사는 여러분을 예측가능한 사람이라 판단한다. 바람직하고 적당한 오버다.

상황을 가정하자. 여러분은 프로야구 감독이다. 선수를 기용할 때 시즌 내내 꾸준히 2할 8푼대를 치는 타자를 선택하고 싶을까, 아니면 어느 달에는 1할대 타율을 치고 어떤 달에는 4할대 타율을 치는 기복이 심한 타자를 선택하고 싶을까? 기복보다는 꾸준함이 선택의 답이다. 정도껏 오버하고, 꾸준히 유지하자.

과하지 않은 소통오버, 빼지는 말고 나대지도 말고

"암요~, 그럼요~, 당연하죠~, 별말씀을요~"

상사들의 말은 무조건 맞고 시키는 대로 하는 게 상책인 상황에서 자조 섞인 농담조로 흔히 쓰는 표현이다.

여러분은 새로운 조직에서 초반에 발언권을 얻기가 상대적으로 힘들다. 상사나 동료들이 여러분을 무시해서가 아니라, 업무나 분위기를 잘 모르기 때문에 발언권을 잘 안 주는 것이고 여러분 스스로도 발언권을 포기한다. 그래서 신입사원에겐 수습기간이 있고 경력직원에겐 적응기간(이건 공식적이지는 않지만 직장정서법상 통용되는 기간이다)이 있다.

아무튼, 초반엔 길면 몇 주 정도 업무나 일에 대한 의견을 내는 일이 별로 없다가 슬슬 업무가 맡겨지고 의견을 개진하며 뭔가를 해가야 하는 시기가 온다. 이때 주의하자. 일반적으로 행동이나 태도보다 '말'로 과하게 오버한다. '말' 때문에 오히려 스스로의 이미지를 깎아버리는 상황이 많이 발생한다.

"○○○사원, 이거 알아? 할 수 있겠어? ××일까지 가능해?"

이런 업무지시 비슷한 걸 받았다(사실 이건 업무지시인데 초반이니 지시 아닌 듯 지시로 부드럽게 얘기한다). 잘 대답해야 한다. 본인의 숙련도와 업무량이 예측이 안 되면 "할 수 있는지 모르겠어요" 또는 "업무량을 검토해봐야겠습니다" 등으로 대답하는 경우가 많다. 당연하다. 그런데 이럴 때는 "네, 알겠습니다. 어느 정도 시간이 예상되는데, ××일까지 하겠습니다"라고 대답한다. 그리고 이대로 끝내지 말고, "팀장님, 혹시 업무 진행하다가 특이사항이 생기면 보고드리겠습니다"라는 밑밥은 깔아두는 게 좋다.

반대로 말로 과하게 오버하는 경우를 살펴보자. "팀장님! 넵! 암요, 그럼요, 당연하죠. 그건 당연하고, 연관된 업무도 종합적으로 검토해서 보고하겠습니다"라고 하지 말자. 회사의 일은 생물이라 살아서 진화한다. 업무를 10만큼만 받아도 이게 스스로 진화해서 20만큼 커질 수 있다. 그리고 이번에 받은 일을 그럭저럭 처리했다고 해도 다른 일도 똑같을 순 없다. 앞서 말했듯이 '주는 일 더하고 종합적으로 검토까지' 한결같이 처리할 수 있다면 괜찮지만 그게 불가능하다. 여러분이 초반에 과하게 오버해서 10만큼의 업무를 받을 것을 20만큼 받아 여차저차 해냈다고 치자. 그때부터 여러분의 평균 업무처리 역량은 20으로 포지셔닝된다. 나중에 이

걸 자신의 정상 업무역량인 10으로 돌리려 하면 불성실하거나 부정적인 직원이 된다. 처음부터 과한 오버로 자기 무덤을 깊숙이 판 꼴이다. 초반에 잘 보이고 싶은 마음에 과하게 오버하는 후배들을 많이 봐왔다.

필자들은 이직을 꽤 해봤다. 이직을 하고 나서 초반 몇 달은 정말 미친듯이 일을 하곤 했다. 왜냐고? 기존 회사에서 듣던 수준의 평판을 받고 그 조직에서 스스로 자리 잡기 위해 초반에는 그 몇 배의 노력이 필요했기 때문이다. 새로운 회사에서 필자들의 능력은 그 시간 동안 관찰당하고 있었기 때문이다. 뼈와 살을 꽤 많이 갈아 넣었던 기억들이다. 오래, 길게 여행하려면 짐을 가볍게 져야 한다. 시키는 건 반드시 하자. 못 하겠다고 빼지 말자. 맡기면 한다. 단, 나대지 말자.

제 이미지는 이미 박살나 있는데요?

'저는 틀렸네요. 이미 제 이미지가 팀장님과 팀원들에게 좋지 않게 박혔어요. 저 같은 상황에 있는 사람들은 어떻게 해야 하는 걸까요?' 이렇게 생각하는 분들이 있을지 모르겠다. 이 경우에도 방법이 아예 없지는 않다. 다만 상대적으로 효과가 크지 않을 뿐이다. 같은 회사, 같은 부서에서 동일한 직무를 2~3년 이상 하고 있는 사람들은 어떻게 해야 할까?

우리의 회사생활은 길고 길다. 하루, 일주일, 한 달, 분기, 반기, 일 년… 이런 날짜와 시간 개념이 있다는 것은, 뭔가 새로운 출발을 할 수 있는 기회가 있다는 의미이기도 하다. 즉 어제는 그러지 못했지만 오늘부터는 뭔가를 새롭게 할 수 있고, 올해 못했던 것을 내년 1월 1일부터는 새롭게 할 수 있고, 또 해도 된다. 주변 사람들도 이상하게 생각하지 않는다. 운동을 전혀 안 하던 사람이 1월 1일부터 열심히 운동을 하면 '새해 결심인가 보다'라고 생각한다. 그다지 이상하게 생각하지 않는다. 여러분이 회사나 팀 내에서 이미 부정적인 이미지로 포지셔닝되어 있지만 극복하고 싶다면 3가지 길이 있다.

하나는 예전의 버릇을 탁 자르고 지금부터 새로운 모습을 한결같이 만드는 방법이다. 부정적 이미지를 꾸준함으로 갈아 치우는 것이다. 늦었지만 적당히, 꾸준히, 지금부터라도 오버하자. 이때 주변 사람들은 여러분을 이상하게 볼 수도 있다. '갑자기 재 왜 저러냐', '하던 대로 하지 왜 열심히 일하는 척하냐' 등등 말이다. 하지만 아랑곳하지 말고 계속해야 한다. 꽤 오랜 시간 지속되면 이미지가 바뀐다.

부정적인 이미지를 꾸준함으로 갈아 치우는 방법이 어렵다면 다른 방법이 있다. 뭔가 새로운 업무를 맡아 새롭게 시작할 때를 여러분의 이미지를 바꿀 기회로 삼자. 그때를 계기(마치 새해의 1월 1일이 된 것처럼)로 삼아 과하지 않은 오버를 꾸준히 한다. 이것도 쉽진 않다.

마지막 방법은 지금 이대로 지내는 것이다. 하지만 직장생활이 꽤 힘들 것이다. 이미 부정적 이미지를 갖고 있기 때문에 업무배분이나 역량개발, 또 평가에 이르기까지 상대적으로 불리하다.

여러분이라면 어떤 선택을 하시겠는가? 선택에 따른 결과도, 회피의 결과도 오롯이 자신의 몫이다.

처세 띵언

시간은 해결해주는 것이 아니라 기회를 줄 뿐이다.
흐르는 시간에 맡길 것과 주어진 시간 속에서 해결해야 할 것들이 있다.

-필자들

센스,
이거 타고나는 건가요?

　일할 때는 센스가 필요하다. 센스가 없으면 빈번하게 핀잔을 듣거나 좋은 평가를 받기 힘들다. 센스는 일하는 과정과 일한 결과인 성과와 밀접하기 때문이다. 센스가 있다면 제한된 시간과 에너지 내에서 상황을 판단하고 우선순위를 정해 중요한 것을 먼저, 빠르게 처리할 수 있다. 업무의 경중에 상관없이 모든 일에 똑같은 시간과 에너지를 쏟을 수는 없다. 어느 업무를 먼저 해야 하고 더 심혈을 기울여야 할지 매번 상사에게 물어볼 필요 없이 전략적 우선순위에 따라 판단하고 처리하면 과정도 매끄럽고 성과도 나기 마련이다.

　정리하자면, 회사에서 센스는 일에 대한 것이고, 상사가 말하지 않아도 일의 진행 상황에 따라 다음 단계의 업무를 스스로 챙기는 역량이다. 핵심은 '말하지 않아도'다.

눈치가 없으면 눈칫밥을 먹는다

여러분은 회사에서 센스가 있을까? 오른쪽에 있는 업무센스 자가진단을 한번 해보자.

결과를 살펴보자. 10개 문항 중 7개 이상이면 센스가 있는 것이다. 5~6개면 보통이고, 5개 이하면 센스가 꽤 필요한 상태다. 업무센스 자가진단 항목들은 필자들이 경험했던 많은 사람들 중 일을 좀 한다고 인정받는 주니어들의 공통점들이다. 센스가 넘치는 사람들은 열 가지 특징을 모두 갖고 있다.

센스가 있으면 자신과 관련 있는 업무, 상황, 사람을 사전에 파악하고 그에 맞는 적합한 행동을 취한다. 즉 자신에게 영향을 줄 수 있는 환경 요인들을 그때그때 파악하고 대처한다. 업무센스는 '일이나 관계 속에서 발생하는 상황을 통해 상대방(주로 상사)이 추가 지시나 점검을 하지 않아도 일의 단계에 맞추어 스스로 적절한 말과 행동을 취하는 태도'다. 설명하면 누구나 다 알지만 말하지 않아도 알아서 챙기는 것이 센스다. 말해줬는데도 상황을 파악하지 못하면? 답이 없다.

업무센스 자가진단

문항	그렇다	아니다
1. 나는 팀장(상사)의 성향(급한, 차분한, 신중한, 열정적인, 우유부단한 등)을 알고 있다.		
2. 나는 회사에서 팀장(상사)이 중요하게 생각하는 것(ex. 일정준수, 보고서 수준, 업무태도, 말투, 기본예의, 근태 등)이 무엇인지 알고 있다.		
3. 나는 우리 팀 분위기가 좋지 않을 때, 그 이유와 상황을 안다.		
4. 나는 팀장(상사)이 화가 났을 때 그 원인을 안다.		
5. 나는 회식에서 참석자들과의 대화를 주도하거나 혹은 대화에 잘 참여한다.		
6. 나는 팀장(상사)이 대화할 때 이야기의 의도(정보 공유, 행동 권유, 업무지시 등)를 잘 파악한다.		
7. 나는 업무 결과(자료, 보고서 등)를 팀장(상사)이 달라고 하기 전에 미리 보고한다.		
8. 나는 내 일이 아니어도 팀 업무 중에서 정기적인 일(ex. 주간/월간 회의, 실적집계/보고 등)이 언제까지 완료되어야 하는지를 알고 있다.		
9. 나는 우리 팀 업무 이외에도 관련 있는 다른 팀의 주요 업무를 알고 있다.		
10. 나는 우리 회사의 연간 주요 일정에 대해 잘 알고 있다.		

센스가 재능이면, 관찰은 노력이다

센스는 키우기 참 어렵다. 운동실력이나 악기 연주실력 또는 직무 스킬과 달리 일정한 노력을 꾸준히 해도 센스는 노력과 시간에 정비례해서 향상되지 않는다. 불공평하게도 누구는 센스를 갖고 태어나고 누구는 엄청 노력해야 조금 키울 수 있다. 그럼에도 불구하고 스스로 센스가 필요하다는 생각이 든다면 어떻게 해야 할까?

센스를 키우는 방법은 있다. 주변을 잘 관찰하자. 필자들은 후배들에게 종종 "안테나 좀 켜자"라고 얘기한다. 다시 말해 '분위기 파악 좀 하자'는 뜻이다. 오해 말자. 안테나를 켜라 혹은 주변을 관찰하라는 말은, 업무에 집중하지 않고 자기 주변 상황만 챙기며 오지랖 넓게 여기저기 간섭하라는 뜻이 아니다.

주변을 잘 관찰하자는 말은 주변에 '관심'을 갖자는 뜻이다. 물론 주니어 시절에는 자신이 맡은 업무를 처리하기에도 급급하다. 여러분이 하는 업무는 주로 일상적이고 반복적으로 실행하는 운영업무가 많기 때문이다. 자료나 데이터를 취합하고, 엑셀로 정리하고, 숫자 틀린 거 없는지 눈 빠지게 보고, 전표치고, 영수증에 풀

칠해서 지출결의서 쓰고(경비정산 및 처리를 전산이 아닌 손으로 처리하는 회사들도 겁나게 많다)… 이런 하루가 반복되기 마련이다. 반복적이고 일상적인 일에 치여 업무시간에 주변을 살필 겨를이 없을 것이다. 그렇다고 귀를 막고 일하진 말자.

하루 8시간 동안 완전히 업무에만 초집중하기란 불가능하다. 커피도 마시고, 카톡도 하고, 메신저로 상사 험담도 하고, 수다도 떨고… 간간이 틈이 있다. 그중 일부만이라도 주변에 관심을 두자. 자기 자리 근처에서 일어나는 다음과 같은 일들에 귀를 기울여보자.

갑자기 팀장이나 선배의 목소리가 높아진다면 왜 그러는지 살피자. 즉 언성이 높아지는 상황의 스토리를 파악하자. 혹시 선배가 팀장에게 깨진다면 무슨 업무로, 왜 깨지는지에 귀를 기울이자. 팀장이나 선배가 심각한 얼굴로 통화중이라면 누구와 무슨 내용으로 얘기하는지 관심을 두자. 이슈가 뭔지, 서로 간에 입장 차이의 원인이 뭔지, 원하는 바는 무엇인지, 해결방법은 뭐라고 하는지 등등을 챙긴다. 자신의 팀장과 다른 팀장이 무언가를 심각하게 협의 중이라면 어떤 주제인지 대략 파악하자. 팀장이 임원에게 보고하러 갔다가 씩씩거리며 온다면, 어떤 업무로 그러는지 동료나 다른 상사에게 묻고 알아두자. 이런 식으로 주변 상황에 귀

와 마음을 열고 주제와 흐름을 잘 챙기자. 그리고 선배들이 어떻게 하는지, 어떤 행동을 취하는지 잘 관찰한다. 필자들이 모 회사에서 일할 때 많이 겪었던 경험을 공유한다.

당시 CEO에게 보고할 사항이 생기면, CEO의 의중을 읽고 분석과 실행방안을 위한 보고서를 만드는 것도 힘들었지만, 보고 타이밍을 잡는 것도 상당한 애를 먹는 일이었다. 적정한 보고 타이밍을 두고 다른 부서의 임원이나 팀장과 경쟁이 벌어졌기 때문이다. CEO에게 보고하는 내용들 중에는 의사결정에 있어 촌각을 다

투는 안건들이 꽤 많았다. 그러니 만약 보고할 타이밍을 놓쳐버리면 일의 적기를 놓칠 수도 있었다. 예를 들어 현황조사 보고 타이밍을 놓쳐서 보고 시점과 조사 시점의 시차가 커지면 다시 조사해야 할 수도 있다. 아무튼 보고 타이밍을 잡기 위해 비서실을 통해 항상 물어보던 말이 있었다.

"오늘 CEO 컨디션은 어떠십니까? 기분은 괜찮으신가요?"

이런 걸 왜 물어봤을까? CEO도 사람이기 때문에 기분과 컨디션에 따라 보고내용과 상관없이 보고 분위기가 달라질 수 있기 때문이다. CEO의 기분까지 챙겨야 하느냐고 반문할 수도 있겠지만, CEO도 감정에 따라 움직이는 사람이다. CEO가 득도해서 어떤 상황에서도 뭘 보고하든 "그래요. 고생하셨네요. 그렇게 하세요"라고 말하면 좋으련만, 그건 신(神)에게나 바랄 일이지 사람인 CEO에게 기대할 일은 못된다. 사람은 누구나 감정의 파도에 올라탄다. 나이 들면 티를 내지 않을 뿐이다.

한편, 자기 일의 원활한 통과를 위해서도 주변을 챙기는 게 좋다. 당시에 비서실의 피드백이 "오늘 심기가 매우 안 좋습니다"라고 나올 경우, 정말 급한 보고가 아니면 보고 일정을 조정했다. 그런 상황에서 보고해봐야 깨지기밖에 더했겠는가. 보고 일자 조정이 훨씬 현실적인 대응이었다. 아주 현명한 대응이었다고 지금도 생각한다. '웃프지만' 필자들도 그랬다.

센스는 관심이고 센스를 키우려면 관찰이 필요하다. 쓸쓸하기도 하고 이게 무슨 짓인가 싶겠지만, 상대의 감정을 존중해야 자신의 감정도 존중받을 수 있다. 여러분의 상사들(임원 포함)도 생존과 매끄러운 업무수행을 위해 주변과 상황을 늘 관찰하고 챙긴다. 단, 일이 되게끔 하기 위한 관찰이고, 함께 일하기 위한 관심이다. 그저 재미와 이야깃거리 수집을 위한 오지랖 행동이 아니다. 헷갈리지 말자. 센스가 과하면 알아서 굽신대고, 센스가 없으면 눈총을 맞는다.

싹수 있으려면,
적당히 밀당하자

국립국어원에 따르면 싹수란 '어떤 일이나 사람이 앞으로 잘될 것 같은 낌새나 징조'를 뜻한다. 아울러 '밀당'은 서로 간 미묘한 심리싸움을 밀고 당기는 줄다리기에 비유한 말이다. '싹수 있으려면 적당히 밀당하자'를 관계관리에 적용하면, 회사에서 스스로 인정받기 위해서는 주변과 미묘하게 밀고 당기는 관계의 줄다리기가 필요하다는 뜻이 된다. 이번 장에서는 여러분이 회사 내에서 사람들과 어느 정도의 거리를 두고, 어떻게 관계를 관리하는 것이 좋을지 살펴보자.

회사에서는 관계의 거리를 두자

우리들은 대부분의 시간을 회사에서 보낸다. 하루 24시간 중에서 짧게는 1/3을, 길게는 절반 이상을 회사라는 공동체에서 지낸다. 그리고 회사는 다양한 사람들로 구성된다. 회사에 100명이 있다면, 가치관과 생각이 100개 이상으로 이뤄진다. 즉 자신과 다른 사람의 가치관이 100% 일치하기 힘들다. 당연하다. 그래서 회사에서 우리는 관계관리의 기본 설정값을 가치관의 일치가 아닌 가치관의 불일치로 둬야 한다. 즉 관계의 기본은 가치관의 같음이 아닌 다름이다. 자신이 생각하는 기본과 상식이 다른 사람에게는 기본이 아닐 수도 있고 상식이 아닐 수도 있다.

주니어 여러분은 입사 초반에 안정적으로 적응하려고 가능한 한 주변 사람들에게 최대한 맞추려 노력한다. 그런데 이런 노력이 지나치면 자칫 여러분을 '굿보이 신드롬'에 빠뜨릴 수 있다. 요구 특성 이론을 연구한 마틴 오른(Martin Orne) 교수에 따르면 굿보이 신드롬이란 타인에게 좋은 평가를 받기 위해 자기 내면의 욕구를 표현하지 못하는 콤플렉스라고 한다(위키백과에서 발췌 정리했다). 즉 자신의 생각보다 상대의 반응을 살피며 자신의 행동을 결정짓는 현상이다. 회사에서 자리를 잡겠다고 모두에게 좋은 사람이 되려니, 자신의 생각과 특성을 없애고 원만하고 개성 없는 사람으로 자리매김하는 것이다. 그런데 의외로 주변 사람들은 자기 의견을 말하지 않고 무난한 태도를 보이는 모습에 오히려 '생각을 알 수 없다' 또는 '주관이 없다'라고 판단한다고 하니 아이러니하다. 결국 관계에서 우리는 액체괴물처럼 흐물흐물하기보다 적정히 자기 의사를 표현하고 자기 특성을 드러내는 것이 중요하다. 그러면 어떻게 관계를 설정하고 관리해야 할까?

업무로 밀당하는 적당한 관계

결론부터 말하자면, 관계의 거리를 두고 유지하자. 관계의 거리는 자신의 의지 또는 제도에 따라 정해지는 것이 아니라 자신과 상대방 사이에 형성되는 서로의 편안함의 거리를 뜻한다. 한마디로 서로가 편안하게 느끼며 일할 수 있는 거다. 회사에서 상사와 관계의 거리가 멀면 서로의 업무나 생각을 이미지처럼 뿌옇게 알기 때문에 대화가 겉돈다. 상사는 업무의 당위성과 배경만 설명하는 반면 여러분은 상세한 단계와 내용을 원할 수 있다. 반대로 관계의 거리가 가까우면 상대의 속내를 알고 있어 업무보다 일하는 태도, 자세, 생각 등을 지나치게 간섭할 수 있고 행동과 의견을 건건이 점검하는 듯한 느낌이 들 수 있다.

회사에서 관계의 거리는 분명 업무 중심으로 서로의 거리를 인정하고 상황에 맞춰 적정히 밀고 당겨야 한다. 가족이나 애인, 친구들도 맘에 들지 않기 마련인데 하물며 직장의 상사나 동료들은 오죽하겠는가. 크게 기대하지도 말고 잘 보이려고 하지도 말고 모두와 잘 지내려고 애쓰지 말자.

관계의 거리에는 역할의 거리, 경험의 거리 등이 있다. 먼저 역할의 거리다. 역할의 거리는 자신과 상대의 역할이 서로 다르기 때문에 비롯되는 거리다. 상사의 역할은 업무에 대한 점검과 지도 등이다. 말하자면 계획 대비 실행의 점검이고, 부족한 업무에 대한 보완점과 개선의견을 요구하는 것이다. 여러분의 역할은 실행과 개선이다. 그러니 상사는 여러분에게 왜 제대로 안 되었는지 확인하고 점검하는 게 당연하고, 여러분은 의견을 내고 실행을 하면 된다. 서로의 개인적인 호불호는 중요하지 않고, 서로 간에 감정적으로 좋은지 나쁜지도 상관없다. 각자의 역할에 충실하면 된다.

다음은 경험의 거리다. 경험의 거리는 예상과 실제 사이의 간극이다. 예를 들어 회사도 제도를 점검하거나 새로운 사업을 도입하는 경우 경영컨설턴트들에게 자신들의 예상을 점검받기를 요청한다. 자신들이 경험해보지 않은 일들에 대한 예상과 실제로 사업을 구체화시켜보고 전략을 수립한 컨설턴트들의 의견과 비교하며 실패를 최소화시키려 한다. 사업에 대한 예상과 실제 운영 경험의 간극을 좁히려는 의도다. 관계도 마찬가지다. 자신이 경험한 일이라면 상사나 팀장의 경험 등은 굳이 필요 없다. 하지만 자신이 처음 해보거나 예상만 해본 일이라면 자신의 예상과 상사나 팀장의 경험을 비교하며 본인의 실수를 줄여나가는 것이 현명하다. 이처럼 여러분과 상사의 관계는 '딱 이거다'라고 정하기 힘들고 어느 정도 밀당이 필요하다. 이를 통해 관계를 발전시켜나가는 것이다. 상사와의 밀당은 어떻게 할 수 있을까?

상대와 관계의 거리를 멀게 하고 싶다면 추상적인 언어를 사용하면 된다. "열심히 하겠습니다" 또는 "성과 내야죠" 하는 식으로 추상적이고 이상적으로 말할수록 거리감이 느껴진다. 반대로 상사나 동료와 관계를 가깝게 하고 싶다면 자기 일에 대한 의견과 생각, 그리고 중간 단계에서 결과물 등을 사전에 보여준다. 예를 들어 보고서를 쓰면서도 목차를 보여주고, 다시 의논하고, 중간 과정에 정리된 보고서를 보여주고 의논하면 분명 거리감이 가까워진다.

주의사항이 있다. 여기서 관계는 업무에 포커스를 두라는 뜻이지, 사내정치에 편승하라는 의미가 아니다. 상사와 잘 지내라고 했지, 상사에게 잘 보이라고 하지 않았다. 상사와 잘 지내라는 것은 업무에 초점을 둔 차원의 얘기다. 자기 업무를 수행하면서 경험의 부족 등에 대해 도움을 받거나 역할 차이에서 이해의 간극을 좁히자는 것이다. 반면 상사에게 잘 보이는 것은 업무 외적인 활동에 초점을 맞추는 경우다. 쉽게 말해서 업무시간보다는 업무 외시간(저녁 회식, 주말 등산, 주말 골프 등)을 통해 업무보다 자신을 어필하는 것을 일컫는다(업무로 승부를 보기보다는 정치로 승부를 보겠다는 선배들의 길을 따라가는 듯하여 씁쓸하다).

상사와 잘 지내려는 사람들은 업무를 통해 상사와 밀당이 가능하지만, 상사에게 잘 보이려는 사람들은 밀당을 할 수 없다. 업무로 얽힌 관계가 아니라, 업무 외적인 사항으로 얽혀 있기 때문이다. 까닥하다가 그 상사의 개인비서가 된다. 주의하자.

아무튼 업무를 통해 선배를 당기기도 하고, 그 상사가 과하면 밀기도 하면서 적정한 관계의 거리를 찾고 성과를 내고 실력을 키우자. 멀지도 않고 가깝지도 않은, 회사에서 일하며 지내기 딱 좋은 관계를 유지하자. 이런 관계가 되어야만 스스로 오버하지 않게 되고, 선을 넘지 않는 싸가지 있는 후배가 될 수 있다.

처세 띵언

밀당의 주의사항은, 너무 세게 밀면 관계가 해체되고
약하게 밀면 관계가 풀리지 않는다는 것이다.

-아이폰 '밀어서 잠금해제' 사용자

인싸? 아싸? 그럴싸!

인싸와 아싸, 영어단어를 한국식으로 축약한 말이다. 무리에 어울리지 못하고 혼자 지내는 사람을 뜻하는 아웃사이더의 줄임말이 아싸. 예전의 왕따와 비슷하게 여겨지기도 하지만, 아싸는 스스로 혼자 지내는 것이고, 왕따는 다른 사람이 그렇게 만든다는 점에서 다르다. 인사이더의 줄임말인 인싸는 조직이나 무리 안에서 잘 어울리는 친화력이 좋은 사람을 뜻한다. 하지만 영어단어 insider는 소식통을 뜻하니 콩글리시다. 그렇다면 회사에서는 인싸가 좋을까, 아싸가 좋을까?

최근 한 조사에서 '직장 내 자발적 아싸 현황'을 조사한 결과 많은 직장인들이 스스로를 자발적 아싸라고 답했다(아싸는 원래 스스로 혼자 지내려 하는 것이므로 자발적이라는 표현은 중복된 셈이다). 스스로를 아싸라고 답한 이유는 업무만 제대로 하면 된다고 생각해서, 워라밸 등 나의 시간과 여가를 지키기 위해서, 관계나 소속감에 연연하지 않아서의 순으로 조사되었다. 스스로 취하는 아싸 행동의 1위는 업무 끝나면 바로 퇴근해 개인 시간 갖기이고, 2위는 사내 가십에 관심이나 신경 쓰지 않기, 3위는 커피 타임이나 흡연 등 휴식시간 홀로 즐기기의 순이었다. 이들 응답자들은 아싸 행동으로 직장생활에서 불이익을 겪고 있음에도 앞으로도 아싸 생활을 계속해나가겠다고 답했다.

인싸를 지향하는 사람들의 특징은 무엇일까? 타인의 인정을 필요로 하고, 조직의 중심에서 멀어지면 피해라도 받을까 싶어 안달난다. 반대로 아웃사이더인 아싸의 모습은 어떨까? 관계의 복잡함과 어려움에 지쳐 다른 사람의 시선에 크게 아랑곳하지 않으려 노력하고 할 일만 처리하는 모습이다. 아싸와 인싸 모두 긍정적인 점과 부정적인 점이 있다. 각자 자신의 가치관과 관계의 취향에 따라 아싸가 될 수도 있고 인싸가 될 수도 있다. 다만 관계의 외곽을 맴돌다 보면 제대로 일하기 힘들다. 자기 일을 제대로 처리하기 위한 정보 공유와 업무협조가 어렵다. 반대로 친화력으로 관계의 중심만 좇는다면 일하는 시간과 개인 시간이 희생될 수 있다. 어떻게 해야 인싸 같은 아싸, 아싸 같은 인싸가 될 수 있을까?

본질을 놓친 인싸가 되지 말자

인싸는 다른 사람들과 잘 어울려 지내는 친화력이 높은 사람이다. 즉 공동체에서 핵심 인물이다. 회사생활에서도 스스로 중심이 되고 싶은 사람이 있다. 회사에서 없어서는 안 되는 혹은 매우 중요한 사람으로 포지셔닝하고 싶은 마음이 인싸들의 내부에 자리하고 있는 욕구다. 다시 말해 회사 대부분의 사람들에게 인정받고 싶은 욕구다. 이를 통해 평가와 보상에서 상대적 우위를 점할 수 있을 거라는 기대심리도 마음의 밑바닥에 있을지 모른다.

다만 회사에서 인싸들이 놓치는 것이 있다. 회사의 행사나 모임, 회식에서 자신의 존재감을 뿜어내고 인정받는 것은 그때뿐이다. 회사는 일하기 위해 모인 공동체이므로, 일을 잘하는 것이 기본이고 그 위에 사람들의 관심과 인정이 있을 수 있다. 일하는 실력을 넘어선 관계나 줄서기의 끈끈함이 평가와 보상에서 우위를 점하긴 힘들다고 본다. '일'을 잘하면 된다. 일로 관심을 끄는 사람이 진짜 인싸가 아닐까 싶다. 본질에의 집중이다.

우리는 일을 하러 회사에 모이는 것이지 친목활동을 하기 위해 모인 것이 아니라는 점을 반드시 기억해야 한다. 선배들이 헐렁헐렁해 보여도 주니어들 중에 누가 일을 잘하고 누가 못하는지는 귀신 빠치게 안다. 자신이 일을 잘하는지, 일로 인정받고 있는지 확인할 수 있는 방법이 있다. 회사 내에서 주요한 이슈를 해결하기 위해 컨설팅을 받거나 임시조직(TF)을 구성할 때 자신이 추천받는지 확인해보자. 왜냐하면 컨설팅 프로젝트나 핵심적인 이슈가 있어 임시조직(TF)을 구성할 경우 인사팀은 팀별로 업무를 잘 알고 추진력이 있는 사람을 추천해 달라고 요청하기 때문이다. 임시조직(TF) 멤버로 여러분의 이름이 거론되거나 참여하는 빈도가 높다면 일에 있어서 나름 인정받고 있다고 봐도 좋다.

만일, 인싸의 반열에 오르고자 각종 모임이나 회식, 행사 등에 적극 참여해 얼굴도장 찍고 회사 내 인맥 확장 활동에 집중할 생각이라면, 너무 과하지 않게 하시길. 두 가지 부작용이 생긴다. 첫째, 초반에 늘 참석하다가 불가피하게 개인적인 일로 몇 번 참석하지 못하는 상황이 발생하면 크게 욕먹는다. "초심을 잃었네, 연차가 차더니 변했네, 일도 못하면서 로열티도 없네" 등의 소리를 듣기 십상이다. 둘째, 퇴근 후 여러분의 개인 시간이 점점 줄어든다. 여러분에게 투자할 수 있는 시간이 성과도 담보되지 않은 각종 회식과 행사로 낭비된다는 얘기다. 적당히 해야 한다.

정말 인싸가 되고 싶다면, 우선 일에서 어느 정도 성과를 낸다고 인정받으면서 과하지 않게 회사의 회식, 모임, 행사 등에 참여하길 권장한다. 일을 제쳐두고 행사 등의 참석으로 승부를 보고자 하는 사람은 인싸는커녕 자리 보존도 장담하기 어렵다. 여러분이 회사에 다니는 본질, 즉 일을 먼저 생각해야 한다.

아싸를 선택해도 왕따는 되지 말자

일반적으로 아싸는 다른 사람들과 잘 어울리지 못하고 혼자 지내는 사람으로, 다소 부정적인 의미로 쓰인다. 아싸는 주로 규칙이나 테두리 안에 머무는 것을 싫어해서 구속이나 통제받는 상황을 벗어나려는 성향이 강하다. 회사생활의 아싸는 업무에 집중하고 일을 통해 승부를 보겠다는 생각이 지배적이다. 아울러 과도한 관계형성에 힘을 쏟기보다는 개인의 계발과 발전에 더 힘을 기울이는 듯하며, 전반적으로 적정한 존중의 관계를 지향하는 태도를 지닌다.

아싸로 회사에서 살아가려면 몇 가지 조건을 갖춰야 한다. 우선 성과로 말해야 한다. 정보 공유가 어렵더라도, 업무협조가 지지부진해도 스스로 성과를 보여야 한다. 일 좀 한다고 인정받고 있더라도 아싸로 생활하려면 가시밭길이 열린다. 우선, 선배들은 후배의 '아싸' 성향을 매우 개인주의적인 태도로 간주하곤 한다. 주니어 초반에는 사실 뭣도 모르고 각종 모임, 회식, 행사에 따라다닌다. 그게 회사생활의 일부라며 말이다. 요즘 사회적 트렌드에 따라 강요하는 선배도, 그 강요를 수용하는 후배도 많이 없어졌지만 그 잔재가 쉽게 사라질 리 없다. 선배가 "아~ 그래? 오늘 개인적인 일이 있어서 같이 못 간다고? 알겠어. 내일 보자" 이렇게 얘기를 했다고 해서 이게 다 진심은 아니다. 속으로는 '나는 일정 없어서 참석하는 줄 아냐? 나도 일이 있지만 어쩔 수 없이 가는데, 후배인 너는 니 갈 길 간다 이거지?' 이런 생각이 들기 마련이다. 이게 몇 번 반복되면 선배들은 속으로 '아싸' 후배를 불편하게 여긴다. 그래서 그 후배를 막 대하지는 않지만 그렇다고 친밀하게 대하고 싶어하지도 않는다.

한국의 직장문화 특징인 직장정서법상 아싸의 행동은 희생정신의 부족으로 비칠 수 있다. 이게 "라떼는…"의 시발점이 된다. 본인 스스로 '옛날 것'이라 생각하는지 "요즘 것들은 말이야"라고 노래를 부르는 선배들에게는 아싸가 영 불편한 듯하다. 본인이 후배 시절에 안 그랬던 것에 대한 본전심리의 발동이라고 이해하고 넘어가자.

여러분이 아싸로 생활하기로 마음먹고 그렇게 하고 있다면, 다른 사람들에 의해 관계에서 배제되는 왕따가 되지 않도록 주의하자. '나는 회사에 희생하는데 너는 왜 안 그러냐' 하는 본전심리가 누구에게나 다 있기 때문이다. 따라서 아싸로 직장생활을 할 때는 최소한의 자기희생(여기서 희생이라는 표현은 개인 시간을 회사에 쓰는 것을 의미한다)을 보여줘야 한다. 최소한의 동질감이 느껴질 수 있을 정도면 된다. 어느 정도가 적정할지는 각자 회사의 상황에 맞춰 생각해보시라.

그럴싸한 관계

인싸도 아니고 아싸도 아닌, 중간 어느 지점에 있는 사람들을 무엇이라 부를까? '그럴싸'라고 한다. 인생은 모 아니면 도가 아니다. 참과 거짓만 있는 게 아니다. 아군, 적군으로 확연하게 나뉘는 것도 아니다. 디지털 환경에 살지만 인생을 0과 1로만 표현할 순 없다. 회사생활도 마찬가지다. 회사에 목숨을 걸고 승부를 봐야겠다고 결정해, 업무(일) 플러스알파(대개 관계 관련 모임과 행사)에 올인하게 되면 여러분의 개인생활이 사라진다. 반면에 '회사는 회사고 나는 나'라고 생각해, 업무 이외의 것에 관심도 없고 마이웨이를 외치며 내 갈 길 가게 되면 일은 잘하는데 회사생활에는 적합하지 않은 사람으로 낙인찍힐 수 있다.

그러니 회사에서 인싸 아니면 아싸 둘 중 하나를 선택할 것이 아니라, 그 중간 어디쯤에서 그럴싸한 입장을 늘 고수하자. 그리고 '그럴싸한 관계'로 포지셔닝하면서 예측가능하게 자리 잡자. 일관성이 있어야 한다. 어떨 때는 회사에 목숨 걸고 충성하는 듯하다가, 어떨 때는 극히 개인주의적인 성향인 듯하다가, 이러면 헷갈린다. 이렇게 주변 사람들을 헷갈리게 만들면, 인싸도 아니고 아싸도 아닌데 그 둘의 부정적 이미지가 곱절로 쌓인다. 업무실력과 상관없이 자신의 평판과 평가에 영향을 줄 수 있으니 주의하

자. 그럴싸한 주니어가 되기를 바란다.

　　회사를 뜻하는 영어단어 'company'는 '함께'를 뜻하는 'com'
과 '빵'을 뜻하는 'panis'의 조합으로 만들어졌다고 한다. 결국 회
사에서의 관계는 함께 빵을 만들어 먹는 관계라는 뜻이 아닐까.
회사에서 주변 사람들과 어울리고 부딪히며 상처받고 상처 주는
과정 속에서 우리는 성숙해지는 것 같다. 관계가 어려워서 피하
고, 불안함에 관계 속으로 파고든다고 구성원이 되는 건 아니다.
회사에 입사하고 나이를 먹는다고 어른이 되고 구성원이 되는 것
이 아니라 다른 사람과 지내는 법을 깨달을 때 성숙해진다.

처세 띵언

핵인싸나 핵아싸로 직장생활 하는 것에 문제는 없다.
물론 답도 없다.

-필자들

업무 토스에 대처하는
우리의 자세

'왜 유독 나만 일이 많지?' 이런 생각 안 해본 직장인이 있을까? 아마 거의 없을 것이다. 유독 자신만 일이 많고 금요일 늦은 밤 사무실에 혼자 남아 밀린 일을 처리한다면 업무독박이다. 업무독박은 누구나 겪는다. 오랜 시간 현장을 살펴보니 업무독박에 빠지는 경우는 3가지 유형이 있다.

첫째, 진짜 일이 많은 유형이다. 찐 업무독박이다. 여기에 속하는 사람들은 팀장이나 상사가 인정한 인재들로 자타 공인 일을 잘한다고 소문이 자자하다. 이들에게는 업무분장과 상관없이 팀 내 급하고 중요한 업무들이 계속 몰린다. 그래도 일한 만큼 인정은 받는다. 일이 많긴 하지만 좀 나은 상황이다. 일을 잘한다고 인정은 받으니까 말이다.

둘째, 자신의 업무 이외에 추가로 직속상사나 다른 부서 상사들이 툭툭 던지는, 별로 중요하지 않은 듯한 업무가 많은 유형이다. 이들에게는, 중요하다고 말하기도 뭣하고 중요하지 않다고 말하기도 애매한데 시간은 꽤 잡아먹는 자잘한 업무들이 몰린다. 원래의 담당자들이 직접 하기 귀찮아서 업무협의나 협조 등을 가장해 떠넘기는 업무들이 여기에 해당한다. 한마디로 다른 부서 또는 다른 사람의 일이 전달되어 받은 '업무 토스'다. 외부에서 던져진 자잘한 업무를 많이 하는 유형은 회사생활이 꽤 피곤하고 안타까운 경우다. 일은 일대로 하는데, 티도 못 내고 바쁘기만 하다. 만약 한 일에 성과를 못 내면 일은 일대로 하고 욕은 욕대로 먹는다.

셋째, 업무독박과 업무 토스가 뒤섞인 유형이다. 일 좀 하는 분들은 대부분 이 유형에 속한다. 본인 일을 잘 맡아서 하는 편인데도 자잘한 잡무들이 막 치고 들어온다. 직속 팀장이나 상사가 시키는 일이면 그나마 괜찮은데, 회사업무라는 게 어느 한 부서 단독으로 종결되지 않는 업무도 상당하기 때문에 타 팀의 팀장이나 선배가 부탁을 가장한 지시를 하면 안 할 수도 없고 하기도 애매한 상황이 된다. 다른 팀이나 선배가 요청한 업무를 하는 이유는 잘 알지 않나? 직급이 깡패고 연차가 계급이며, 그 선배와 어디서 어떻게 업무적으로 연결될지 모르니까.

업무협조 요청인가? 업무 토스인가?

다음은 실제 사례들이다.

사례1

회계감사 준비와 대응은 원래 회계팀에서 담당을 한다. 그래서 관련 부서에서는 해당 자료를 미리 회계팀으로 다 보내주고 감사에 필요한 준비를 하게 해준다. 그런데, 회계팀장이나 실무 과장이 인사팀의 김 주임을 갑자기 부르더니 "올해 인건비와 세금 관련 내용을 회계사에게 설명해줘야 하니까 이번에는 김 주임이 직접 들어가서 설명 좀 해줘"라고 말한다. 김 주임은 지금 겁나 바쁘다. 본인 업무도 굉장히 많아 야근을 해가며 업무를 처리하고 있는 상황인데, 업무시간 중에 그것도 예정되지도 않은 일에 시간을 쏟아야 한다. 가서 그냥 설명만 해주면 되는 문제가 아니다. 요청한 추가 자료도 뽑아야 하고 분석도 다시 해야 한다. 원래 회계감사 대응은 회계팀에서 하는 일인데 왜 인사팀 실무자를 불러 대응하라고 했을까. 실력이 부족해서? 설명을 제대로 못해서? 본인 일인데도 하기 싫어서? 도대체 이해가 되지 않는다.

영업운영팀 박 대리의 사연이다. 일반적으로 상품을 기획하는 부서와 영업을 하는 부서는 분리되어 있다. 기획과 실행의 분리다. 그런데 상품기획부서 팀장이 영업운영팀 실무자에게 부탁한다. "이번에 영업채널을 온라인으로 구축하고 있지? 기존 상품 외에도 온라인전용 상품을 만들어야 온라인 영업채널에 구색이 좀 맞춰질 거 아냐? 그래서 말인데, 온라인 전용상품 개발 기획을 영업운영팀에서 좀 해봐"라고 말이다(이게 협박인지, 협조인지 모르겠다). 영업운영팀 박 대리는 당황스럽다. 자신의 일이 아니기 때문이다. "왜요? 상품기획은 팀장님 쪽에서 하셔야죠?"라고 했더니 그 대답이 가관이다. "어허! 당연한 거 아냐? 온라인 영업채널을 니네 팀에서 만드니까 거기서 판매할 상품도 영업운영팀에서 기획하는 게 맞지!" 도대체 이게 무슨 김밥 옆구리 아니 박 대리 속 터지는 말인가.

주니어 시절에는 사례들과 같은 황당한 상황을 겪는다. 꼭 겪는다. 반드시 겪는다. 한두 번이라면 모르겠지만, 빈번하게 발생하면 황당함에 빠진 사람에게는 어떤 문제가 생길까?

먼저, 여러분 본연의 업무가 밀린다. 그것도 겁나 많이 밀린다.

왜냐하면 여러분의 일이 현재 적정하지 않고 꽤 많은 양이기 때문이다. 회사가 호락호락하지 않다. 일을 적당히 시키며 월급을 주지 않는다. 여러분이 지금 받고 있는 연봉이 여러분 업무에 비해 적다고 생각되는 이유가 바로 그것이다.

다음은, 동네북이 될 수 있다. 자신이 안 해도 될 일을 하는 것도 탐탁지 않은데, 업무독박과 업무 토스로 일을 계속 하면 서로 간에 그걸 당연하게 생긴다. 그러면 잡무가 끊이지 않게 된다. 호의가 계속되면 권리인 줄 아는 못된 사람들이 꽤 있다. 그러다가 이게 조금 더 나가게 되면 여러분이 우습게 보이는 상황이 될 수도 있다. 허드렛일을 시켜도 되는 직원이라는 잘못된 인식을 심어줄 수 있다는 말이다.

협조하되, 호갱이 되지 말자

이런 일들이 도대체 여러분에게 왜 생기는 것일까? 많은 이유가 있겠지만, 대략 2가지 때문이다. 하나는 업무의 역할과 책임(Role & Responsibility)이 불명확해서이고, 다른 하나는 갈등을 피하고 싶고 원만한 관계를 유지하고 싶은 마음 때문이다.

먼저, 업무의 역할과 책임의 불명확이다. 부서 간 협조와 협의가 필요한 업무들이 꽤 있다. 그중에서도 어렵거나 귀찮은 업무들은 서로 미루기 때문에 책임소재나 주체가 불분명한 채로 업무가 둥실둥실 떠다닌다. 그러다가 거기에 필요한 자료나 내용이 마침 여러분 업무와 유사할 경우 둥실둥실 떠다니던 업무가 여러분에게 딱 붙는다. 주체와 책임이 불분명한 이런 상황에서 다른 팀의 담당자가 여러분보다 직급이 높으면 그야말로 상황은 지옥이 된다. 웰컴 투 더 헬(Welcome to the hell). 직급이 높은 타 팀의 담당자와의 포지션 파워에서 밀려 잡무가 겁나 쏟아진다.

다음은, 괜히 거절해서 갈등을 일으키기보다 원만하게 처리하려는 자세다. 혹여 거절했다가 싸가지없는 후배로 낙인찍히는 것을 두려워하는 심리다. 그렇다면, 여러분이 이런 상황에 맞닥뜨렸을 때 어떻게 대처해야 할까?

과하다 싶으면, 팀장찬스

해결책은 바로, 여러분의 팀장을 활용하는 것이다. 필자들은 이것을 '팀장찬스'라고 부른다. 팀장찬스에는 두 가지 활용법이 있는데 하나씩 살펴보자.

첫째, 팀장을 팔아라. 이는 특히 부서 간 업무협조 요청을 가장한 업무 토스에 유용하다. 팀장 판매의 요령이 있다. 먼저, 자잘한 업무 요청(업무 요청이라기보다 실제로는 업무 토스)을 받으면 즉답을 피한다. "아… 네, 과장님. 우선 무슨 말씀이신지 알겠습니다. 그런데요, 이 사항은 제 담당업무가 아니라 확인을 좀 한 후에 말씀드려야 할 것 같은데요… 저희 팀장님께 여쭤보고 처리방법 등을 다시 논의드리겠습니다." 이 정도 얘기하면 된다. 여러분의 업무도 바쁘고 더욱이 직접적인 관련이 없는 업무인 경우에 어쩔 수 없이 "알겠습니다" 하지 말라는 얘기다. 무조건 "저희 팀장님에게 물어본 후 확인해서 말씀드리겠습니다"라고 하시라. 팀장을 팔면, 업무를 토스한 그 실무자는 전투 상대가 여러분에서 여러분의 팀장으로 넘어간다는 걸 인식하게 되고 여러분을 직접 공격하기 부담스러운 상황이 된다. 여러분은 그 전투현장에서 한발 물러설 수 있게 된다.

둘째, 팀장과 담판을 지으라. 어쩔 수 없이 토스받은 업무를 해야 한다면, 팀장과 얘기를 해서 토스받은 업무를 주 업무 중 하나로 잡아 업무성과로 인정받을 수 있도록 협의하라는 얘기다. 딜(Deal)하자. 가끔 던져지는 잡무야 속으로 욕하며 하면 되는데, 토스 업무가 늘고 횟수가 증가하면 자기 업무의 주객전도가 일어난다. 이는 주로 역할과 책임이 애매모호하거나 여러분의 팀장이 타 팀장들보다 포지션 파워에서 밀리는 경우(여러분 팀장은 차장 팀장이고 이 일을 시킨 다른 부서 팀장은 부장 팀장인 경우 등)에 발생한다. 팀장과의 담판은 이럴 때 쓴다.

한 가지 더. 거절도 기술이다. 모든 관계에는 갈등이 있다. 갈등은 관계의 경고음이기도 하지만 성장의 계기가 되기도 한다. 갈등이 생기면 관계가 위태롭게 느껴지지만 갈등이라는 문제를 통해 새로운 해결방법을 찾게 된다. 문제를 회피만 하면 계속 도망 다녀야 하고, 해법도 매번 똑같을 수밖에 없다. 관계의 실력은 갈등보다 갈등해법이 많을 때 발전한다. 단호하게 거절해야 할 땐 거절하자. 하기 힘든 말을 참으면 참기 힘든 일이 자기 앞에 쌓이기 마련이다. 단호하게 말하자. "팀장님, 상품기획은 상품기획팀의 업무분장이고, 저희는 영업운영팀으로 온라인 채널 구축을 맡고 있어요. 업무분장대로 하셔야죠. 잘 아시잖아요"라고 말이다. 모든 사람들과 다 잘 지내려고 하지도 말고, 모두에게 잘 보이려 하지도 말자. 주변을 돌아보자. 주변에 호구가 없다면, 바로 자신이 호구일 수 있다.

회사라는 게 모두 좋은 사람으로, 서로 도와주는 사람으로 이루어지지 않는다. 그렇다고 자신도 악인이 되거나 포기하라는 뜻이 아니다. 자신을 위해 밝은 면을 보고 긍정적인 생각으로 살려고 노력하자. 어두운 현실을 피하거나 어두운 현실에 흑화될 필요 없다. 흑화되면 사람들을 의심하거나 피해의식에 휩쓸려 스스로만 피폐해진다. 모든 만남이 좋은 관계로 이어지지 않는다. 이게 현실이다.

가능하면 밝은 면을 보자. 묵묵히 자신의 일을 하는 선배, 행동으로 일의 모범을 보여주는 상사들을 따르고 배우며 일하자. 행동의 무거움을 실천하는 선배와 관계의 노력을 다해라. 선배에게는 선배답게, 깡패에게는 깡패답게 대하자.

회사는 선택해도,
상사는 선택할 수 없다

사례1

K팀장은 영업기획팀장이다. 기존에 쓰던 영업관리시스템을 업그레이드하는 프로젝트를 IT부서 등과 함께 진행했다. 그런데 사실 K팀장은 문제가 좀 있는 관리자였다. 총 5명의 팀원이 이 프로젝트에 참여했는데, 그중 3명이 프로젝트 수행 과정에서 K팀장의 실력, 관리역량, 리더십 등에 불만을 품어 이미 퇴사를 하거나 다른 부서로 배치된 상황이었다. 우여곡절을 겪은 K팀장은 남아 있는 2명의 팀원을 데리고 개발을 계속 진행했고 약 1년 후 영업관리시스템을 오픈했다. 그런데! 오픈한 날 큰 사고가 터졌다. 시스템 에러로 영업을 할 수 없는 상황이 된 것이다. 하필 K팀장은 연락이 되지 않았고 사건 당일을 포함해서 일주일간 출근을 하지 않았다. 사건을 터트리고, 핵잠수함같이 잠수

를 탔다. 남아 있는 2명의 팀원과 IT개발업체 직원들이 겨우겨우 수습해 약 열흘 후에 영업관리시스템은 정상 운영되었다.

그런데 이후 상황이 더 기막히다. K팀장은 이 사건에 대한 책임을 지기는커녕 사고를 수습한 2명의 팀원에게 책임을 돌렸다. 이 일로 결국 그 2명의 팀원이 퇴사를 했고 정작 K팀장은 별다른 문책을 당하지 않고 오히려 이후에 승진도 하는 등 말도 안 되는 상황이 펼쳐졌다. 회사의 다른 직원들은 '후배를 나락으로 떨어뜨리고 자기만 살아남은 나쁜 관리자'라고 욕하고 있다.

사례2

다른 사연이다. K팀장은 기획팀장이다. 이 회사는 정부의 관리기관으로부터 제도 등에 대한 감사를 받았고 몇 가지 지적사항이 나왔다. CEO는 그 지적사항에 대해 즉각적인 조치를 지시했고 유관부서인 영업팀, 마케팅팀 등도 함께 관여하게 되었다. 그일은 어쨌든 주관부서인 기획팀에서 처리할 문제였고 유관부서에서는 자료협조를 하기로 합의가 되었다. 다음 회의 때 CEO가 "K팀장, 지난번 정부 관리기관 감사의 지적사항 조치 어떻게 되고 있지? 지시한 ○○○○사항 처리는 어떻게 됐나?"라고 물었다. K팀장의 대응이 황당하다. CEO의 질문에 대답은 하지 않고,

갑자기 마케팅팀 실무자인 G과장을 바라보면서 이렇게 말한다. "G과장, 이거 마케팅팀에서 하기로 했잖아? 아직 안 했어?"

예상하셨겠지만 이 두 사례의 K팀장은 동일 인물이다! K팀장이 여러분의 상사라면 어떨 것 같은가?

상사는 그냥 다 싫어?

여러분 중에는 지금 회사가 너무 좋아서 계속 다니는 분들이 있고, 지금 회사는 싫지만 다른 회사로 옮기지 못해 계속 다니는 분들도 있다. 어떻든 간에 지금 다니고 있는 회사는 여러분 스스로가 다니기로 선택한 것이다. 좋든 싫든 간에 말이다.

그런데 상사는 얘기가 좀 다르다. 여러분은 상사를 선택할 수 없다. 발령에 의해 부서배치를 받게 되면, 거기에 상사가 있다. 배치 받은 부서의 상사는 스스로 결정하는 것이 아니다. 그 부서에 가면 많은 상사들이 떡하니 있다. 그런데 만일 상사들이 여러분과 잘 맞지 않는다면 어떨 것 같은가?

한 취업포털회사에서 지난 2012년 1,010명의 주니어들을 대상으로 꼴불견인 상사를 조사한 결과를 보면, 책임질 일에 발뺌하는 상사(51.8%), 사사건건 감시하는 상사(36.4%), 실현 불가능한 목표를 세우는 상사(24.5%), 잔소리만 늘어놓는 훈계형 상사(23.1%), 일에 대한 의지와 의욕이 없는 상사(15.3%) 등이 근무의욕을 떨어뜨리고 꼴불견인 싫어하는 상사로 꼽혔다.

2014년 주니어들이 상대하기 싫어하는 유형의 상사에 대해 20~30대 350명을 조사한 또 다른 결과를 보자. 자기 할 말만 하는 상사(27.3%), 자기 의견을 절대 굽히지 않는 상사(26.4%), 소리부터 지르고 보는 상사(20.3%), 말 바꾸는 상사(11.1%), 아무 말도 하지 않고 침묵하는 상사(4.0%) 등을 상대하기 싫거나 말하기 싫은 상사로 꼽았다.

최근에는 어떨까? 어느 커뮤니티에서 조사한 결과를 보자. 지난 2017년 11월 싫은 상사 유형에 대해 주니어 175명이 자발적으로 투표했던 결과를 보면, 일 떠넘기는 상사(24.0%), 계획성 없이 일 시키는 상사(17.7%), 은근히 야근 강요하는 상사(17.1%), 내가 신입 때는 말이야 상사(16.0%), 사생활에 관심을 보이거나 간섭하는 상사(10.9%), 주말출근 강요하는 상사(8.0%), 술 권유하는 상사(4.0%) 등을 꼽았다.

최근 2019년 8월 주니어 159명이 자발적으로 투표했던 결과도

보자. 성희롱성 언행하는 상사(22.6%), 실적 가로채는 상사(20.8%), 야근 강요하는 상사(8.8%), 라떼는 말이야형 상사(7.5%), SNS 염탐하고 데이트 좋았냐며 사생활 간섭하는 상사(5.0%) 등이 꼽혔는데 웃픈 결과가 하나 있다. 가장 싫은 유형의 상사는 '상사는 그냥 다 싫음(35.2%)'으로 조사됐다.

책임감 없고 책임 떠넘기는 상사, 남 탓만 하는 상사, 잘 되면 자기 덕이고 안 되면 남 탓하는 상사, "왜 연애 안 하니? 결혼은 언제 할 거니?" 등 온갖 일에 간섭하고 참견하는 오지랖 넓은 상사, 자기 경험이 최고이고 자기가 기준인 줄 아는 꼰대 같은 상사, 성희롱성 언행을 하는 상사… 열거하기도 힘든 이러한 상사 유형들은 예나 지금이나 존재하고 다 싫다. 싫어도 너무 싫다. 게다가 이런 유형의 상사가 바로 우리 팀에 있다. 환장할 노릇이다.

도대체, 이렇게나 다양하고 싫은 유형의 상사들에게는 어떻게 대처해야 할까?

상사 유형을 4가지로 분류하라

상사와 관련된 문제에 대처하기 위해 먼저 그 유형을 나눠보고,

유형에 따른 대처법을 정리해보자. 유형화한다는 것은 상대의 행동과 특성의 공통점을 묶어 분류하는 것을 뜻한다. 유형화시키면 대처방법을 찾기 쉽다.

싫어하는 상사의 유형은 굉장히 다양하다. 또 여러분이 생각할 때 싫은 상사는 어느 하나의 유형만 갖고 있지도 않다. 여러 유형을 복합적으로 보이는 상사가 대부분이다. 그런 상사의 유형을 일단 단순하게 구분해보자. 현상이나 문제가 복잡할 때는, 최대한 단순화해서 보는 것이 좋기 때문이다.

2015년 온라인상에 상사를 구분하는 '호사분면'이 등장했다. 약 5~6년이 지난 지금도 여전히 회자되고 있다. 필자들은 '호사분면'의 구분법이 상사의 유형을 비교적 잘 설명한다고 본다. 그래서 필자들도 '호사분면'을 이용해서 말씀드린다.

일을 잘하는지 못하는지, 인격이 좋은지 안 좋은지로 상사의 유형을 구분해보면 오른쪽 그림과 같이 4가지가 나온다.

호사분면에서는 일 잘하면서 친절하기까지 한 사람은 '호인', 배려도 잘하고 친절하지만 일은 못하는 사람은 '호구', 일은 잘하지만 배려심이 없는 사람은 '호랭이', 일도 못하고 배려도 못하는 사람은 '호래자식'이라고 구분한다. 각 분면에 있는 상사들의 특징

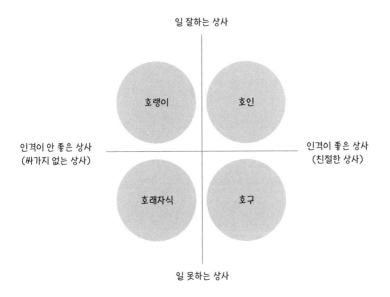

상사의 4가지 유형 분류 – 호사분면

일 잘하는 상사

호랭이　　　호인

인격이 안 좋은 상사　　　　　　　인격이 좋은 상사
(싸가지 없는 상사)　　　　　　　　(친절한 상사)

호래자식　　　호구

일 못하는 상사

과 행동특성이 어떠하며, 또 여러분은 어떻게 대처하는 것이 좋을까?

상사 유형별 특성과 대처법

오랜 업무현장 경험과 컨설팅, 강의 등을 바탕으로 각 호사분면에 속하는 상사들의 특징을 분석해보았다. 또한 이에 따른 대처법도 말씀드린다.

먼저, 호인 유형이다. 호인 유형의 상사는 현실 직장세계에 거의 없다. 업무실력이 좋으며 친절하고 인격도 좋은 그런 상사는, 본 사람이 있다고는 들었는데 직접 본 사람은 아무도 없는 마치 유니콘 같은 존재랄까? 아무튼 현실에서 찾기 매우 어려운 유형의 상사다. 호인 유형 상사의 특징은 다음과 같다. 일에 대한 책임감이 강하고, 늘 자신감 있는 태도를 견지하며, 일과 감정을 분리할 줄 알고, 후배를 특히나 배려하는 모습을 자주 보인다. 주요 행동특징으로는 평소에 비교적 차분하고, 혼낼 때는 내용으로만 혼내며 (인격이나 감정을 건드리는 얘기는 안 하고), 후배 생각과 의견을 물어보고, 실수에도 괜찮다고 격려하는 모습을 보인다.

호인 유형의 상사들에게는 어떻게 대처를 하는 게 좋을까? 사실 대처고 뭐고 할 게 없다. 그냥 다 배우자. 그 상사의 말투, 태도, 행동, 일하는 방식 등등을 잘 관찰하고 따라 하면 된다. 그리고 어려운 점, 모르는 것, 지원요청 사항 등을 솔직하게 얘기하고 도움을 받자.

다음은 호랑이 유형이다. 일 좀 한다고 생각되는 상사들은 대부분 이 호랑이 유형에 속한다. 특징은 다음과 같다. 다소 일방적이거나 권위적이고, 본인 마음에 들지 않으면 직설적으로 말하고 행동하며, 성격이 급하고, 본인 의견이나 생각이 맞다고 확신하며, 일이든 사람이든 방해되는 것을 싫어하고, 본인 과시경향이 있다. 주요 행동특징으로는 감정표현이 서툴고, 일에 있어서 자주 화를 내며, 지도와 질책을 혼동하는 경향이 있고, 때에 따라 자존심을 긁는 말("생각은 한 거야? 넌 이게 말이 된다고 생각해?" 등)을 하고, 지나친 자신감("이렇게 하는 게 맞아!" 등)을 보인다.

호랭이 유형 상사들에게는 어떻게 대처를 하면 좋을까? 먼저, 호응을 해주되 적극적으로는 하지 말자. 화를 내고 있을 때는 그 자리에서 대응하지 말고 나중에 "그때는요…"라고 얘기하자. 논리적 대응은 독이 될 수 있다. 일단 수긍해주고 나중에 의견을 개진하는 게 낫다. '선' 공감 '후' 의견제시다. 적극적으로 인간관계를 형성하려고 노력하지 말고 군이 잘 보이려고 애쓰지도 말자.

세 번째는 호래자식 유형이다. 아시다시피 이 유형의 상사가 최악이다. 호래자식 유형 상사의 특징은 다음과 같다. 후배에 대한 배려가 없고(사실 후배뿐만 아니라 윗사람을 제외한 모든 사람에게 배려가 없다), 일방적이고 폭력적이며, 타인을 비하하고 무시한다. 상대에 따라 태도가 돌변하며, 본인 손해에 민감하고 본인만 이득을 보면 된다는 생각이 강하다. 주요 행동특징으로는 조롱과 험담을 일삼으며, 일을 잘 모르면서도 "니가 한번 해봐, 다 너에게 도움이 되는 경험 쌓으라고 시키는 거야"라는 말을 입에 달고 산다. 책임을 회피하고, 잘 되면 내 덕 안 되면 니 탓이다. "내가 ○○상무와 친한 거 알지?"라며 후광효과에 편승하고, 강자에게 약하고 약자에게 강한 척하는 전형적인 모습을 보인다.

호래자식 유형의 상사들에게는 어떻게 대처하면 좋을까? 가능하면 피하는 게 상책이다. 똥을 더러워서 피하는 것과 같다. 거리를 두고 가능하면 어울리지 말자. 업무에 대해 얘기할 때는 근거(데이터, 고객분석 자료, 영업현장 의견 등)를 갖고 얘기하면 된다. 너무 "네네" 하면서 굽신거리지 말아야 한다. 우습게 보고 더 막 대한다. 얘기를 들을 때는 긍정도 부정도 하지 말자. 한쪽 귀로 듣고 한쪽 귀로 흘리자. 불합리한 요구나 지시가 있을 때는 나중에 딴소리 못하도록 메일로 의견을 주고받는 등의 방법을 통해 기록으로 남겨놓자.

마지막은 호구 유형이다. 상사 중에 호구 유형이 있어도 환장한다. 호구 유형 상사의 특징은, 모두에게 과하게 배려한다. 그래서 '착하다'라는 얘기만 듣는다. 일에 의욕이 별로 없고, 자신감도 없다. 결정적으로 내 위에 호구 유형 상사가 있으면 내 승진에 걸림

돌이 된다. 주요 행동특징으로는 업무처리가 늦고, 후배에게 짐이 된다. 늘 주눅들어 있고 매사에 소심한 태도를 보인다.

호구 유형의 상사들에는 어떻게 대처하면 좋을까? 우선 인격적으로 대하시라. 기본예의를 지켜야 한다는 말이다. 호구 유형 상사들은 주로 그 위 상사들에게 매우 자주 깨진다. 그런 모습을 여러분이 보게 되면 여러분도 모르게 그 상사를 무시하는 태도나 언행이 나올 수 있다. 주의해야 한다. 가능하다면 여러분이 업무적으로 도움을 줘도 좋다. 그러나 과한 관계형성을 지양하자. 같은 취급을 당하게 될 우려가 있다.

어느 회사든 싫은 상사들은 다 있다. 유형이 다양하다고 해서 넋놓고, 가드 내리고 일할 순 없다. 이런 유형의 상사에겐 이렇게 대처하고, 저런 유형의 상사에겐 저렇게 대처하고… 이런 교과서 같은 방법도 없다. 왜냐하면 이게 다 사람 문제이기 때문이다. 사람이 100명이면 그 생각은 100개 이상인데, 그걸 다 어떻게 일일이 대응하겠는가. 지금 상사 때문에 힘든 주니어분이 있다면 호사분면 유형으로 상사를 잘 분류해보자. 그리고 그 유형에 맞게 대응을 바꿔보기 바란다.

《탈무드》 명언에 '승자는 눈을 밟아 길을 만들지만, 패자는 눈이 녹기만을 기다린다'는 말이 있다. 사람 관계에서 승패를 얘기하는 것은 아니지만, 정말 싫어하는 상사가 있다면 그 상사가 퇴사하기만을 기다리지 말고 말씀드린 간단한 방법들이라도 실천해보기를 바란다.

처세 띵언

사람은 고쳐 쓰는 거 아니다.
본성은 안 바뀐다.
-필자들

꼰대는 티가 나고,
선배는 빛이 난다

꼰대. 듣기만 해도 마음이 답답하다. 꼰대라는 표현은 자신의 경험을 일반화하여 젊은 세대에게 생각이나 행동방식을 일방적으로 강요하는 기성세대, 아울러 그러한 기성세대를 비하하여 부르는 의미로 쓰인다.

하지만 현장에서 만난 사람들 중에는 나이에 상관없이 끊임없이 새로움을 추구하고, 자신의 선입견과 고정관념을 벗어나려는 사람들이 있다. 필자들이 생각하는 꼰대는 나이의 많고 적음을 떠나 자신의 선입견과 고정관념을 일반화하여 상대에게 강요하는 사람이다. 그래서 최근에는 '젊은 꼰대'라는 말도 통용되는 것이 아닐까 싶다. 그러니 회사에 먼저 입사한 사람을 다 꼰대라고 볼 일은 아니다.

여러분의 상사들 중에는 같은 분야에서 지위, 나이, 실력과 기술

등이 많거나 앞선 '선배'와 경험과 지식을 바탕으로 지도해주고 조언해주는 '멘토'도 있다. 그런데 어떨 때는 선배나 멘토 같다가도 어떨 때는 꼰대 같기도 하니 헷갈린다.

아무튼, 그 많은 상사들은 왜 대부분 꼰대가 되었을까? 아울러 꼰대와 선배를 어떻게 구별해야 할지, 꼰대라고 생각되는 상사들에게는 어떻게 대처하면 좋을지 살펴보자.

그는 왜 꼰대가 되었을까

지금 여러분의 상사 중에 꼰대라고 생각되는 사람을 한번 떠올려보자. 한 명도 괜찮고 여러 명이어도 상관없다. 생각하기도 싫은 꽤 많은 상사들의 모습이 머릿속에 그려질 것이다. 그들은 왜 꼰대가 되었을까?

필자들이 겪었던 수많은 선배와 이제 기성세대인 필자들의 동기들과 후배들이 겪어온 경험, 그리고 프로젝트와 강의 등을 통해 만나온 수많은 관리자를 본 경험을 바탕으로 그 이유를 사람의 심리적 본능에서 찾고자 한다.

우선 본전본능이다. 여러분이 정말 듣기 싫은 말 중 하나인 "나

때는 말이야…"는 본전본능의 오류 때문에 발생한다. 본전심리라고도 할 수 있겠다. 그 상사는 여러분과 같은 주니어 시절에 본인의 상사들에게 뭔가 억울하고 부당하며 효율적이지 못한 일들을 많이 강요당했다. 그 상사도 그런 상황이 얼마나 싫었겠는가. 그런데 사람 마음이 간사해서 '나도 당했으니 너도 당해봐야지'라는 심리가 발동한다. 엄청나게 힘든 시집살이로 고생한 어머니가 며느리를 들였을 때 그 며느리의 시집살이가 더하면 더했지 덜하지 않은 것과 비슷하다. 미국의 심리학자 리처드 탈러(Richard H.Thaler)는 과거에 지불한 돈(시간, 노력 등)에 대한 집착 때문에 불합리한 의사결정을 하는 사람의 심리를 매몰비용의 오류라고 지적했다. 본전심리는 매몰비용 오류와도 일맥상통해 보인다.

다음은 과시본능이다. 사람은 누구나 인정받고 싶어한다. 오죽하면 매슬로의 5단계 욕구설의 네 번째 욕구가 존중의 욕구이겠는가(5단계인 자아실현 욕구에 비해 낮은 단계라고 뭐라 하신다면 필자들이 할 말은 없다). 회사에서는 윗사람에게 인정을 받아야 승진이 된다. 그래서 일을 열심히 하거나 윗사람에게 잘 보이려 노력한다. 동료나 아랫사람에게는 존중이나 존경을 받아야 사람들이 자기를 잘 따르게 될 것이라는 생각에 후배들에게 인정과 존중을 강요하는 과시본능 오류가 작동하는 것이다. '나 이런 사람이야'라는 전제를 깔고 말이다.

마지막으로 통제본능이다. 회사조직에는 특성상 지위나 나이에 따른 위계가 있을 수밖에 없는데, 상위직급 혹은 연장자들은 회사나 본인들과 다른 생각과 행동양식을 보이는 직원들을 아웃라이어로 생각한다. 표준편차 안에 들어오지 못하는 것으로 생각하니 그걸 통제하여 조직의 편차 안으로 들어오게 하는 것이 본인들의 역할이라고 여기는 것이다. 이로 인해 여러분을 통제해야 한다는 통제본능의 오류가 작동한다.

여러분의 상사 중에서 꼰대가 아니라고 생각되는 상사가 있다면, 이러한 본능을 억제하거나 혹은 이런 본능 자체가 거의 없는 상사일 가능성이 높다.

꼰대와 선배의 구별법

그렇다면 자신의 상사가 멀리해야 할 꼰대인지, 곁에서 함께 배워야 할 선배인지 어떻게 구분할까?

사람을 겪어보기 전에 판단한다는 것은 쉽지 않은 일이다. 하지만 훗날 후회하지 않으려면 미리 어느 정도 아는 것도 중요하다. 물론 상대가 꼰대인지, 선배인지의 구분은 자신의 관점에 따라 달라진다. 같은 한 명을 두고도 어떨 때는 꼰대인 것 같고 또 어떨 때는 꼰대가 아닌 것 같고 하니 말이다.

필자들의 자기반성과 그동안의 경험을 바탕으로 꼰대인지, 선배인지 구분하는 기준을 4가지 정도로 간추려봤다.

첫째, 꼰대는 말이 앞서고, 선배는 행동이 앞선다. 꼰대는 본인 자랑질을 많이 한다. "내가 예전에 이런 프로젝트를 했는데… 어쩌고저쩌고… 사장님 칭찬도 받았는데… 내가 매출을 얼마 올렸는데… 영업실적 1등을 놓친 적이 없는데…" 등의 업무적 자랑이 주를 이룬다. 레전드라고 자랑하지만, 모든 역사가 확인 불가하고 승자의 관점에서 쓰이듯 아무것도 확인할 수 없다. 반대로 선배는 일에 대해, 회사생활에 대해 어떻게 행동하는지를 몸으로 보여준다. 말의 달콤함보다 행동의 묵직함을 관찰해야 한다.

둘째, 꼰대는 "너를 위해서"라며 말하고, 선배는 "이건 이래서 함께 일하기 불편해"라며 말한다. 꼰대는 위선을 떨고, 선배는 협업의 불편함을 해소하자고 제안한다. 상대가 "너를 위해서"라는 말을 하면 백 퍼센트 꼰대다. 이 말의 속내는 '니가 이렇게 안 하고 있으니까 내가 너무 불편하고 화가 나. 그러니까 나를 위해서 니가 이렇게 해야 해'다. 업무의 내용이나 후배들의 태도에 대해 정확하게 혼내거나 화를 낸다면 그들은 선배다.

셋째, 꼰대는 먼저 와서 지적질하고, 선배는 물어본 것에 대답을 해준다. 안 물어본 것을 말하는 사람은 꼰대다. 궁금하지도 않은 것을 먼저 말해주는 걸 보통 '지적질'이라고 한다. 말해주고 싶어도 상대가 필요할 때 알려줘야 잘 알아듣고, 망치로 머리를 '띵!' 때리는 효과가 있다. 선배는 잘, 정확히 타이밍에 맞춰서 알려준다. 물어보지 않았는데 "자, 내가 이런 걸 알려줄게" 하는 것은 여러분의 무언가가 맘에 들지 않기 때문에 하는 말이다.

넷째, 꼰대는 자기 의견이 항상 옳다고 주장하고, 선배는 자신의 경험과 타인의 의견을 함께 섞는다. 회의건 대화건 간에 '내 말이 다 맞아'라는 전제를 깔고 얘기하는 상사는 본인 의견만 말한다. 꼰대가 아닌 상사는 '나는 이렇게 생각하는데, 네 의견은 어때?'라는 뉘앙스로 여러분 말에 귀기울이려는 노력을 한다.

사람은 사계절을 함께 겪어봐야 알 수 있다. 멀리서 보면 다 좋고, 인자하며, 너그러울 수 있다. 처음에는 서로에게 잘 보이기 위해 가면을 쓴 채 잘해줄 수 있다. 하지만 시간이 지나고 함께 일해봐야 상대의 일하는 태도, 사고방식 등의 속내를 알 수 있다. 회사 생활에서 여러분과 직간접적으로 업무관계가 없는 옆 부서 상사는 꼰대인지, 선배인지 판단이 거의 불가능하다. 평소 서글서글하고 잘해주던 다른 부서의 상사가 여러분의 윗사람이 되면서 꼰대가 되는 경우도 허다하다. 꼰대인지 선배인지는 여러분과 업무로 직간접적 관계가 있는 사람에 한하여 판단하자. 여러분과 업무로 엮일 일 없는 상사가 마냥 좋아 보이는 건 여러분에게 잔소리를 할 이유가 없기 때문이다.

피할 수 없는 꼰대와 일하는 방법

자, 그 상사가 꼰대인지 아닌지 알게 되었다고 하자. 피할 수 있다면 같이 얽히지 않는 게 방법이겠지만, 피할 수 없다면 꼰대인 상사와 어떻게 일해야 할까? 특히 직접적 업무관계로 얽혀 있다면 어떻게 할 것인가? '피할 수 없으면 즐겨라'와 같은 도 닦는 이야기 말고 현실적인 방법은 무엇이 있을까? 여러분이 늘 안고 있는 이 고민에 대한 대답은 사실 명쾌하지도 않고 명쾌할 수도 없다. 왜냐하면 사람마다 처한 상황과 생각이 다 다르기 때문이다. 케이스 바이 케이스다. 그렇다고 손 놓고 있을 것인가? 그건 또 아니다. 대응방법을 찾아야 한다. 여러분이 지금 꼰대 때문에 직장생활이 힘들다면, 다음과 같은 사항을 한번 적용해보자.

꼰대와 일하는 방법은 회피와 개선이 있다. 회피의 거리두기는 비교적 쉬운 반면, 개선의 경우는 자신의 갈등관리 방법을 개발하는 것이므로 상대적으로 어렵다.

먼저, 거리두기다. 거리두기에는 물리적 거리두기와 언행의 거리두기가 있다. 물리적 거리두기는 최대한 꼰대 상사의 눈에 띄지 않는 것이다. 쓰레기는 무서워서가 아니라 더러워서 피하는 것이다. 예를 들어 스마트오피스를 시행하는 회사를 다니는 분이라면 꼰대 상사와 최대한 먼 자리에서 일을 한다든지, 같은 팀이라서 부득이하게 거의 같은 사무공간에 있어야 한다면 최소한의 예의(아침인사 정도)만 차리고 동선이 겹치지 않게 한다든지, 가능하면 식사도 같이 하지 말기를 권장한다.

다음은 언행의 거리두기다. 꼰대 상사에게는 극단적으로 사무적인 말과 행동으로 대하시라. 오냐오냐 하니까 머리 꼭대기에 기어오른다는 말이 있는 것처럼, 반대로 무조건 네네 하면 자기 마음 내키는 대로 대해도 된다는 인식을 심어줄 수 있다. 따라서 꼰대 상사들에게는 최대한 무미건조하고 사무적이고 극단적으로 거리를 두는 언행을 해보기 바란다. 꼰대라는 생각이 드는 상사가 있다면, 수단과 방법을 가리지 말고 거리를 두자. 그게 핵심이다.

다음은, 스스로 갈등관리 역량을 개발하는 방법이다. 갈등은 어느 회사에나 있고, 이는 문제가 있다는 경고음이다. 갈등 자체는 문제가 아니다. 다만 갈등의 소지가 있을 때 그것을 풀어나갈 수 있는 역량을 키우는 것이 중요하다. 갈등이 있다고 매번 회피하면 지구 끝까지 물러나 더이상 머무를 곳이 없을 수 있다. 근육을 키울 때 근육의 미세조직에 자극을 가하면 그것이 치유되면서 근육의 크기가 커지듯이, 다양한 이슈에 대처하는 방법을 익히는 것이 자신의 갈등관리 역량을 키울 수 있는 계기가 된다.

정리하면 꼰대는 어디든지 나타날 수 있다. 그리고 꼰대에 대처하는 다양한 방법을 스스로 갖춘다면 자신의 스트레스가 줄고, 좀 더 즐겁게 일할 수 있는 환경이 조성될 수 있다. 아울러 이런 꼰대를 비롯해 회사에서의 업무적 갈등과 관계의 갈등에 어떻게 대처할지는 다음 장에서 좀 더 구체적으로 다루겠다.

가끔 퇴사를 앞둔 지인들이 찾아와 인사를 나눈다. 그들의 공통적인 회사생활에 대한 소회는 후회와 아쉬움이다. 회사생활에서 사람과 거리두기가 얼마나 힘들었는지를 인정하고, 막상 그만두려니 주변 동료와 상사를 더 이해하게 되었다며 아쉽다고 속내를 털어놓곤 한다. 그동안 회사생활에서 스스로의 안전을 지키고 안정을 얻기 위해서 자신을 이런저런 고정관념과 생각의 껍질로 쌓고 보호하려 애썼다는 뜻이기도 하다. 누구나 자신의 안전과 안정이 올바른 관계형성보다 중요하다. 그래서 다른 사람에게 자신의 감정과 뜻을 솔직히 내놓고 다가가기 쉽지 않다. 하지만 오래 함께 가고 싶은 사람이 있다면 최선의 최선, 그리고 다시 최선을 다해 어울리고 부딪히길 바란다. 그리고 꼰대는 나이가 아닌 선입견과 고정관념의 함정에 빠지는 것임을 잊지 말자. 스스로 함정에 빠지는 어리석음을 조심하자. 누구나 꼰대가 될 수 있다.

처세 띵언

누가 물어보지 않는데 훈계나 조언을 많이 한다면,
나이에 상관없이 그냥 꼰대다.
-필자들

앞에서 말하면 의견,
뒤에서 말하면 험담

    여러분이 다 알고 있는, 회사의 이메일로 가입하고 익명성이 보장된 직장인 커뮤니티 앱은 애초 직장인들이 온라인에서 만나 교류하고 소통하기 위한 목적으로 만들어졌다. 요즘 이 익명 직장인 앱은 여러분들의 놀이터가 되었다. 자신이 다니는 회사에 대한 욕도 시원하게 할 수 있고, 다른 회사 직원들의 고충과 생각을 들으면서 상대적인 위로를 받는 심리적 놀이터 말이다.

    왜 많은 직장인들이 익명 커뮤니티 앱에 열광하며 이용하고 있을까? 필자들 생각에는, 대놓고 할 수 없는 말을 어딘가에 표출함으로써 마음속 응어리가 조금이라도 풀리는 기분이 들기 때문이 아닐까 싶다. 이런 앱이 없던 시절에는 주로 회사 내 익명게시판 같은 공간이 있었으나 그게 익명이 아닌 걸 다 알고 있었기에 무용지물이었다. 대놓고 하고 싶은 말을 할 수 있는 분위기도 당연히 아니었다. 어디 하소연할 데가 없으니 동료들과 술 한잔하면서 씹어대고, 다음날이면 또 똑같은 상황을 마주하며 직장생활을 했었다. 사실 지금도 별반 다르지 않지만 말이다.

이런 앱에는 순기능과 역기능이 있다고 생각한다. 순기능은 회사나 상사에 대한 여러분의 생각을 가감 없이 표현할 수 있는 장(場)의 역할을 하고 있다는 점이고, 역기능은 일부 잘못된 생각과 의견이 같은 회사의 다른 직원에게 전파될 수 있다는 점이다. 부정적 생각의 오염이다. 면전에서 대놓고 하기 어려운 말들을 주로 이 익명 커뮤니티 앱에 쏟아낸다. 만일, 여러분이 익명 커뮤니티 앱에 썼던 말이나 쓰여 있는 말을 여러분의 상사나 여러분 회사의 인사팀 혹은 경영진에게 면전에서 하라고 하면 어떨 것 같은가? 할 수 있는가? 대개는 하지 않거나, 하기 싫거나, 하지 못한다. 익명의 방패 뒤에서 했던 말들이기 때문이다. 익명이라는 것을 방패 삼아 더 적나라하고 솔직하게 한 얘기는 맞지만, 그 상황이나 문제를 해결하기 위한 말들이 아니라 그냥 쏟아내고 싶은 말들이었기 때문이다.

'회사는 실적이 좋아졌는데, 직원들 성과급은 왜 없는 거냐', '연봉을 올려줘라', '평가기준이 도대체 뭐냐. 쟤는 승진하고 나는 안 된 이유를 알 수 없다', '저 상사는 일도 못하고 욕도 심하게 하고 하는 게 없는데 왜 안 짤리고 있냐', '성과급 지급기준을 오픈해라', '이런 건 불법 아니냐', 'A하고 B하고 같이 싸웠는데 왜 B만 징계를 당하냐', '직원들을 주말에 왜 자꾸 불러내냐', '퇴근하고 집에 있는데 왜 술자리에 나오라고 불러내냐, 그것도 여자직원을', '니 일을 왜 자꾸 나에게 떠넘기냐, 니 월급 나한테 줄 것도 아니면서' 등등 이런 얘기들은 익명으로 앱에 오르내린다. 아울러, 회사의 카더라 소문도 마찬가지다. 자, 어떠한가. 여러분이라면 이런 종류의 얘기(여러분이 관련되어 있다면)를 여러분 팀장이나 인사팀에 정식으로 제기할 수 있겠는가?

하루라도 회사를 더 다닐 거라면, 면전에서

필자들은 가능하면 익명의 방패 뒤에 숨어서 얘기하지 말고 면전에서 얘기하기를 권장한다. 왜냐하면 뒤에 숨어서 얘기해봐야 변하는 게 하나 없고, 여러분이 하루라도 회사를 다닐 거라면 앞에서 말해야 의견이 되기 때문이다.

여러분이 하고 싶은 얘기의 본질을 한번 생각해보기 바란다. 단순히 여러분의 감정을 공유하고 싶은 것인가? 아니면 문제를 개선하고 싶은 것인가? 또는 회사에 대한 부정적 정보를 재생산하고자 하는 것인가? 다른 관점의 아이디어를 공유하려는 것인가? 혹은 여러분의 회사를 발전시키고 싶은 것인가? 회사 평판과 가치를 떨어뜨리고 싶은 것인가?

개선하고 싶고, 다른 관점의 아이디어를 공유하고 싶고, 회사의 평판과 가치를 떨어뜨리고 싶지 않다면, 면전에서 얘기하기를 권장한다. 물론 익명 커뮤니티 앱의 순기능을 평가절하하는 것은 아니니 오해는 말고.

주야장천 익명 커뮤니티 앱에서만 얘기한다면, 글 올리느라 손가락만 아프고 여러분의 직장생활은 바뀌는 게 전혀 없다. 뭔가 개선되고 바뀌어야 내 직장생활이 덜 힘들어지는데 이건 먼 산에 외친 메아리도 안 된다. 돌아오는 게 전혀 없다. 그래서 필자들은 그렇게 뒤에서 얘기할 바에는 가능한 한 당당하게 면전에서 얘기하기를 권한다.

자, 그런데 무턱대고 모든 얘기를 팀장이나 인사팀에 할 수는 없다. 하기도 애매하다. 그래서 필자들은 두 가지 기준을 두고 면전에서 얘기해야 하는 것(앞담화)과 그렇지 않은 것(뒷담화)을 구분해보기를 권장한다. 그 문제(상황 등)가 일이나 제도에 대한 것인지 아니면 사람에 대한 것인지로 구분해보고, 개선이 가능한 것인지 불가능한 것인지로 구분해서 투 바이 투 매트릭스로 한번 생각해보기 바란다.

먼저, 일이나 제도와 관련된 사항인데 개선이 가능한 영역이 있다. 또한 일이나 제도와 관련된 사항인데 개선이 가능하지 않은 영역도 있다. 그런데 일이나 제도와 관련된 사항은 개선 가능 여부와 상관없이 전부 대놓고 얘기하기를 바란다. 개선의 여지가 있느냐 없느냐를 구분하는 것이 의미가 없다. 개선이 되지 않더라도 팀장이나 인사팀이 지금 여러분이 처한 상황을 인식할 수 있도록 반드시 공식적으로 면전에서 얘기를 해야 한다. 주로 업무분장이나 제도의 불합리함(여러분 입장에서이니 주관적일 가능성이 있다) 등의 내용일 것이다. 일이나 제도에 관한 내용은 익명 커뮤니티 앱이나 술자리에서 백날 얘기해봐야 바뀌는 게 없다. 여러분에게 하나도 득이 되지 않는다.

물론 면전에 공식적으로 얘기한다고 해서 다 바뀌거나 개선되는 게 아니라는 것도 우리 모두 잘 안다. 그렇다고 백날 술안주로 씹기만 하면 개선의 가능성은 아예 없다. 로또 당첨확률이 814만분의 1이라 하더라도 로또를 사야 당첨이 되든 말든 할 거 아닌가.

다음으로는 사람과 관련된 부분이다. 사실 이 사람 관련 부분은 어렵다. 여러분 위에 있는 대리나 과장 혹은 팀장과 관련된 얘기이기 때문이다. 그리고 회사라는 조직의 특성상 윗사람에게 소위 찍히면 직장생활이 더 피곤해지니 곤란하기도 하다. 그런데 이 문제를 짚고 넘어가지 않으면 여러분이 더 피곤해진다.

예를 들어, 어떤 상사가 여러분만 심하게 갈군다고 하자. 그 이유도 잘 모르겠고, 다른 직원들에게 대하는 것과 달리 여러분에게만 유독 퉁명스럽고, 말만 하면 반대하고, 연차 쓰는 것도 눈치 보게 만들고, 본인 업무를 은근히 넘기고 등등의 상황이라면 어떻게할 것인가? 직장인 익명 커뮤니티 앱에 글을 올려서 '내 상사가 이런데… 어쩌고저쩌고…' 아무리 해봐야 댓글로 '나도 그런 상황이네, 회사를 옮기는 게 좋겠네, 견디는 수밖에 없네' 등등의 아주 잠깐 위로가 되는 말만 듣게 된다. 실제로 내 상황이 바뀌는 건 하나도 없고 말이다. 이때는 그 대상자(상사)의 성향을 감안해서 직접 얘기할지, 아니면 말을 말지를 결정하시라.

만일, 대화가 가능한 상대(즉 뭔가 얘기를 하면 변화나 개선이 있을 것으로 예상되는 상대)라면 일단 면전에서 얘기를 해라. 얘기할 때는 '사실'을 기반으로 여러분이 처했던 '상황'을 얘기하고 그다음에 그에 따른 여러분의 '어려움'과 '감정'을 순서대로 얘기하는 게 좋다. 감정을 먼저 얘기하면 안 된다.

그렇게 얘기했는데도 불구하고 그 상사가 전혀 인식을 못하고 '뭔 소리 하는 거냐' 식의 반응을 보이면 그 상사와 대화는 글렀다. 그다음 단계로 팀장이나 인사팀에 공식적으로 얘기하시라. 이건 '꼰지르는' 게 아니다. 여러분이 직장생활에서 가장 큰 어려움을 겪는 상황을 관리자와 인사팀에 알려주는 것이다. 이런 상황을 인식한 팀장이나 인사팀에서는 즉각적인 조치를 취하지는 못하더라도 여러분의 상황을 예의주시하며 기회가 되면(부서이동 등) 여러분의 상황을 최대한 고려하려고 노력할 것이다. 어쨌든 개선의 가능성은 확보한 셈이다. 로또 당첨확률을 기억하자.

"괜찮아~ 그냥 얘기해"에 속지는 말고

여러분의 상황이나 상태가 꽤 심각하다면 개선을 해야 하니 면전에서 얘기를 하라고 말씀드렸다. 즉 뒤에서 이러쿵저러쿵 허공에 메아리로 얘기할 바에는 면전에서 정확하게 얘기를 하는 게 낫다. 그런데 주의할 사항이 하나 있다. 사람과 관련된 내용인데 개선이 불가능한 상황(그 상사 자체가 답이 없는 상황)일 경우에는 면전에서 절대 얘기하지 마시라는 것이다. 대개 그런 상사는 또라이에 개념도 없고 일도 못하는 그런 상사일 가능성이 매우 높다. 이런 상황이라면 안타깝지만 답이 없다. 방법이 없다. 참든지, 들이받든지, 떠나든지(타 부서나 타 회사로) 셋 중 하나다. 그런데 보통 다 참는다. 그래서 직장생활이 더 피곤해진다. 참을 수밖에 없는 상황에서는 뒷담화만 하셔라. 앞담화해봐야 소용없다.

예를 들어, 여러분 상사인 박 과장이 "김 주임, 요즘 표정이 안 좋은데 왜 그래? 나 때문이야?"라고 물어봤다 치자. 사실은 여러분이 박 과장에게 할 말이 엄청 많은 상황이다. 평소 무시하는 말투라든지, 일은 제쳐두고 팀장에게 잘 보이려고만 한다든지, 연차 좀 쓴다고 일 안 하냐는 듯이 말한다든지 등등 말이다. 그렇다고 박 과장에게 직접 대놓고 "과장님, 사실은 과장님의 이러저러한 모습이 직원들 보기에 좋지 않습니다. 어쩌고저쩌고…" 하지 말란 얘기다. 그냥 "아~ 네, 아닙니다. 요즘 좀 피곤해서요"라고 하시라. 박 과장이 조금이라도 눈치가 있다면 이렇게 얘기한다. "에이~ 아닌 거 같은데? 괜찮아, 무슨 일인지 얘기해봐." 그럴 때도 "아닙니다~"라고 넘기고 그냥 뒷담화만 하셔라. 그리고 그 상사와 말 섞지 마시라. 얘기해봐야 답도 없고 변화도 없다. 갈굼만 더 심해진다. 그리고 이 상황을 팀장이나 인사팀에 정식으로 얘기하면 된다. 물론 그런다고 변화나 개선이 담보되는 건 아니지만 말이다.

　퇴사를 꿈꾸는, 이직에 성공한 많은 선후배들을 봐왔다. 필자들도 회사를 여러 번 옮겨다녀 봤고 말이다. 직장인들은 왜 이직을 할까? 일이 힘들어서? 하고 싶은 일을 하지 못해서? 연봉이 불만스러워서? 뭐 많은 이유가 있을 수 있지만, 아시다시피 가장 결정적인 이유는 사람 때문이다.

　우리가 다 아는 '절이 싫으면 중이 떠나라'는 속담이 있다. 절이 싫으면 절을 개보수하든지, 주변 중을 감화시키든지, 이도저도 아니라면 떠나자. 밖에 나가서 아무리 떠들어봐야 다른 사람에게는 그저 절을 욕하는 사람일 뿐이다. 억울하고 여러분의 사연을 풀고 해결하고 싶다면 면전에서 이야기하자. 일이 힘들다면 배우고 성장하면서 직장생활을 견딜 여지라도 있지만, 사람 때문에 힘들면 이건 뭐 약도 없다. 그렇다고 아무것도 안 하면 여러분만 더 힘들어진다. 그러니 개선과 변화를 바란다면 최소한으로라도 얘기를 하시라. 그게 말씀드린 앞담화다. 아무 말도 안 하고 있으면 아무도 알아주지 않는다. 이제 당당하게 얘기하자, 면전에서 말이다.

처세 띵언

"누가 내 맘 알아주겠지?"
"응~ 말 안 하면 아무도 몰라."

-필자들

줄서기 문화,
대충 호응하고 확실히 칭찬하자

편가르기와 편짜기가 쉬워진 시대다. 어차피 회사는 일을 하기 위해서 사람들이 모여 있는 조직이니 생각이 같을 수도 없고, 마음에 드는 사람들로만 이루어지지도 않는다. 그러니 각자 생각의 같음과 다름을 기준으로 편가르기, 줄세우기, 끼리끼리, 따돌리기 등이 일어나기 마련이다.

개중에는 "너 누구 편이야?"라고 묻는 경우나 그런 뉘앙스를 풍기는 경우가 있다. 예를 들어 어떤 상사가 다른 상사에 대해 뒷담화할 때 우리는 어떻게 대처해야 할까? 호응한다면 상대와 같은 편이라는 의미가 되고, 가만히 있으면 상대와 다른 편이라고 비칠 수 있다. 만일 이런 상사가 한 명이 아니라 여러 명이라면 어떠하겠는가? 그 상사들 사이에서 매우 피곤해지기 시작한다. 어느 한 편을 들어줘야 할 것만 같은 상황에 놓이게 된다. 만일 여러분이 이런 상황에 놓인다면 어떻게 대처해야 할까? 혹시 잘못 대처하면 어떠한 문제가 생길까?

양다리, 줄서기, 신사

대부분의 직장인들은 세 가지 유형으로 대처를 한다.

먼저, 어느 쪽이든 다 맞춰주는 양다리 형이다. 양다리 형은 누가 뭐라고 해도 토를 달지 않고 다 동의해주고 공감해주는 척을 하면서 대처를 한다. 대부분의 직장인 특히 여러분 같은 주니어들이 이렇게 대처한다. 누구와도 불편해지기 싫기 때문이다. 의견을 얘기하면 토 단다고 뭐라고 하고 '내 편이 아니네' 하면서 갈굼이 심해질 것을 알기 때문이다. 양다리 형은 줏대 없는 사람으로 각인될 수 있다. 좁디 좁은 회사에서 소문도 금방 난다. 여기저기 다 걸쳐지는 양다리 이미지는 여러분의 업무실력과 상관없이 나쁜 평판을 만들 수 있다. 지금 당장의 불편함 때문에 직장생활에 필요한 평판을 갉아먹을 순 없지 않은가.

다음은 한쪽에만 맞추는 줄서기 형이다. 상사들에게만 호불호가 있지 않다. 여러분에게도 호불호가 있다. 포지션상 잘 표현하거나 드러내지를 못할 뿐이다. 줄서기 형의 대처는 호불호를 명확하게 표현하면서 한쪽에 맞추는 방식이다. 주니어인 여러분은 거의 하지 못하고 하기 힘든 대처방법이다. 이 유형은 직장생활을 위태롭게 만들 수 있다. 까딱하면 역풍을 맞을 위험이 있기 때문이다. 내가 편을 들어준 한쪽의 상사가 안 좋은 상황에 놓일 때 같이 안 좋은 상황에 처할 위험이 있다는 얘기다. 그걸 각오한다면 줄서기 형의 대처는 나쁘지 않다. 줏대 있는 사람이라고 여겨지니 말이다.

끝으로, 신사 형이다. 이 유형의 대처방법은 포커스를 상사(사람)가 아닌 상황에 두고 그에 따라 맞고 틀림을 가감 없이 얘기하는 것이다. 사람(상사)에 포커스를 두고 "암요, 그럼요, 당연하죠, 별말씀을요"라고 장단 맞추는 양다리 형과는 결이 다르다. 신사 형의 경우, 대응하는 그 순간에 꽤 불편할 수 있다. 그냥 '네', '아닙니다'로 끝나지 않고 왜 그랬는지 물어보고 본인 생각은 어쩌고 저쩌고 얘기해야 하니 말이다. 그런데 길게 보면 사람이 아닌 상황에 초점을 두는 대응이 가장 덜 위험하다. 자기만의 명확한 기준(상황의 옳고 그름 등)으로 대응했기 때문에 사람에 따라 휘둘리게 되는 사내정치에서는 한발 물러설 수 있는 여지가 생긴다.

이 세 가지 대처방안 중에서 어느 것이 가장 현명한 방법일까? 어느 방안이 여러분의 리스크를 최소화할 수 있는 방안이겠냐는 거다. 각자 처한 상황에 따라 다를 수 있겠지만 세 번째 신사 형이 가장 낫다고 본다.

관계는 밀당이다

회사생활에서 원활하게 일하고, 관계 속에서 허우적거리지 않으려면 어떻게 대처해야 할까? 어떻게 해야 관계에서의 리스크를 최소화할 수 있을까?

일하다 보면 어쩔 수 없이 관계를 형성하고 관계를 규정짓게 된다. 즉 선을 긋게 된다. 관계의 선을 긋는다는 것은 자신의 영역과 상대의 영역 사이에 원을 그리는 것이다. 관계의 선은 어떤 규정으로 정해져 있는 것이 아니라 서로가 불편하지 않은 경계에 서로가 위치하게 되는 것이다. 혼자서 관계의 선을 크게 그리고 무조건 믿는다며 할 말 못할 말을 모두 쏟아붓는 것은 어리석은 일이다. 반면에 관계의 선을 조그맣게 그려놓고 이리저리 다 피한다면 동료, 상사와의 관계에서 공통점을 찾기 어려워질 수 있다.

그러니 회사에서 편가르기를 묻거든 선을 잘 그어야 한다. 특히 그 선이 실선이냐 점선이냐가 중요하다. 상대가 불편해하는 것이 무엇인지, 어떤 말에 민감한지 등을 파악하고 그 부분은 분명하지 않은 점선으로 대응하자. 아울러 업무와 관련된 내용을 물을 때는 명확하게 실선을 그어서, 자신이 해야 할 일, 요청받은 사항, 제공해야 하는 가치 등을 분명히 하자. 관계의 선은 수시로 바뀌고, 끊임없는 관찰과 섬세한 감정, 업무관계 속에서 서로 배려하며 만들어진다. 회사생활에서 관계는 끝없는 밀당이다.

한편, 뒷담화에도 잘 대응해야 한다. 다시 말해 편가르기를 요청받거나 지금, 여기에 없는 사람에 대한 험담을 듣게 된다면, 구체적인 사건으로 호응하거나 자신의 사연으로 '썰'을 풀지 말고 뒷담화하는 상사나 동료들의 감정적 케어에만 집중하라는 말이다. 즉 "그렇군요, 힘드셨겠어요" 등의 말로 눈앞에 있는 상대의 감정적 케어에 집중하자. 아울러 그 뒷담화 대상에 대해서는 그 사람의 일부일 뿐이라고 생각하자. 모든 관계는 자신이 직접 겪어야 알고 느낄 수 있다. 따라서 성급한 호응은 오히려 리스크를 자초할 수 있다.

직장 내에 잘 통하고 친한 동료가 있다면, 여러분은 행운아다. 그런데 사실 그러기가 쉽지 않다. 동기다 뭐다 해서 친한 듯 지내는 사람이 있을지는 모르겠지만 마음 터놓고 얘기할 만한 진실한 동료를 만나기는 쉽지 않다.

진정한 동료애를 가질 만한 동료는 어떻게 만날 수 있을까? 바로 같은 고난 속에 있을 때다. 마치 같은 전쟁터에서 생사고락을 함께한 전우와의 전우애처럼 말이다. 이 동료애는 인위적으로 생기지 않는다. 직장생활 속에서 생사고락을 함께하면서 자연스럽게 생겨난다. '너는 내 편이지?'라는 물음에 인위적으로 대답 않아도 되는 자연스런 상황 속에서 말이다.

처세 띵언

"너, 내 편이야? 쟤 편이야?" "저는 제 편인데요."
짧은 인생에서 남의 편 들어줄 시간 없다. 여러분 자신의 편만 들자.

–필자들

나가며

오늘 하루도 버텨내는 여러분에게

이번 책에서는 직장에서 이렇게 일하면 성공하고, 필자들이 이런 식으로 성공했으니 따라 해보라는 식의 허풍을 떨고 싶지 않았다. 혹여나 그런 부분이 있거나 그렇게 느낀 독자가 있다면, 의도는 결코 그러하지 않았음을 다시 한 번 강조하고 싶다. 필자들 역시 앞으로 더 많이 고민하고, 경험해야 한다. 다만 그동안 직장인으로 살아오며 체험하고 현장에서 취재하며 느낀 점을 가까운 후배에게 솔직히 말하듯이 썼다. 이런 대화가 약간의 도움이 되고 싶다. 조금만 들어가도 음식의 맛과 간을 맛깔나게 만들어주는 소금처럼 말이다.

인생에 정답이 없다지만, 각자의 해답은 있다. 여기 우리의 해답이 여러분 직장생활의 참고서가 될지 모르겠다. 앞서 일한 사람들의 직장생활 문제풀이집 쯤으로 여겨주시면 감사하겠다. 아울러 단 하나라도 실천할 수 있다면 더할 나위 없이 좋겠다.

언제까지나 주니어로 머물러 있을 수는 없는 법이다. 금방 중간 관리자가 되고 금방 팀장이 된다. 지금부터 효율적인 업무수행 방법과 직장 내 관계를 원만히 할 수 있는 처세를 잘 익혀놓아야 그때 가서도 지금 여러분이 욕하는 상사 같은 모습이 되지 않을 수 있다. 보고 배운 게 도둑질이라지만, 닮고 싶지 않은 상사의 모습을 닮아갈 순 없지 않은가?

여러분 스스로가 늘 다르게 고민하고 다르게 행동해서 지금 싫어하는 그 상사의 모습이 아닌, 여러분이 바라는 상사의 모습으로 성장하기를 바란다.

이 글의 사족

예전에 필자가 모시던 전문경영인 대표 한 분이 이런 얘기를 하신 적이 있다. "어차피 우리는 다 오너에게 고용당해서 일을 하는 사람들이다. 그런데, 이왕 고용당할 거면 멋지게 고용 당하자." 이 말에 꽤 동의한다. 지금 있는 곳에서 실력을 인정받으며 멋지게 고용당하자. 그리고 그다음을 반드시 생각하자. 지금 있는 회사에서 한 획을 그을 정도로 더 올인할 것인지, 지금의 직무 경력을 살려 다른 회사로 이직을 할 것인지, 아니면 잘 준비한 이후에 여러분의 회사를 만들 것인지 등등을 말이다.

어차피 여러분의 인생이고, 각자가 주인공이다. 무엇이 여러분에게 중요한 것인지, 어디로 가고 있는지, 무엇을 하고 있는지, 무엇이 자신을 흥분시키는지 느끼며, 고민하며 살자.

조금 일하지만, 제대로 인정받고 있습니다

초판 1쇄 발행 2021년 4월 5일

지은이 | 윤영철 홍문기
펴낸곳 | 보랏빛소
펴낸이 | 김철원

기획·편집 | 김이슬
마케팅·홍보 | 이태훈
디자인 | 박영정

출판신고 | 2014년 11월 26일 제2014-000095호
주소 | 서울시 마포구 포은로 81-1 에스빌딩 201호
대표전화·팩시밀리 | 070-8668-8802 (F)02-338-8803
이메일 | boracow8800@gmail.com

ISBN | 979-11-90867-21-4 (13320)